全国交通行业职业技能鉴定培训教材

U0793421

Gonglu Shoufei ji Jiankongyuan

公路收费及监控员

（高　级）

交通专业人员资格评价中心
（交通部职业技能鉴定指导中心）　组织编写

人民交通出版社

内 容 提 要

本书为交通专业人员资格评价中心(交通部职业技能鉴定指导中心)组织编写的全国交通行业职业技能鉴定培训教材之一。内容包括公路收费、公路监控和交通量调查相关的基本理论和操作方法,共三个单元。

本书主要用作公路收费及监控员(高级)技能鉴定的辅导用书,也可作为交通类职业院校相关专业的教学参考书,还可供公路收费及监控从业人员继续教育和自学使用。

图书在版编目(CIP)数据

公路收费及监控员. 高级/交通专业人员资格评价中心(交通部职业技能鉴定指导中心)编. —北京:人民交通出版社,2008.6
ISBN 978-7-114-07086-0

I.公… II.交… III.公路费用-征收-中国-技术培训-教材 IV.F542.5

中国版本图书馆CIP数据核字(2008)第047693号

书　　名:公路收费及监控员(高级)
著 作 者:交通专业人员资格评价中心(交通部职业技能鉴定指导中心)
责任编辑:吴有铭　尤晓時
出版发行:人民交通出版社
地　　址:(100011)北京市朝阳区安定门外外馆斜街3号
网　　址:http://www.ccpress.com.cn
销售电话:(010)59757973
总 经 销:人民交通出版社发行部
经　　销:各地新华书店
印　　刷:北京盈盛恒通印刷有限公司
开　　本:787×1092　1/16
印　　张:8.75
字　　数:207千
版　　次:2008年6月第1版
印　　次:2016年5月第7次印刷
书　　号:ISBN 978-7-114-07086-0
印　　数:13001-16000册
定　　价:22.00元

序 *Xu*

当前和今后一个时期，是我国改革发展的关键时期，也是推进交通科学发展，加快发展现代交通业的重要战略机遇期。加快建立一支与交通行业发展相适应的高技能人才队伍，提高交通行业广大从业人员服务交通、服务社会的能力和水平，迫切需要我们加快建立和实施职业资格制度，不断加强交通行业高技能人才评价工作。

交通专业人员资格评价中心自成立以来，特别是以2007年全国交通行业职业资格工作会议召开为标志，全面开展了交通行业职业资格工作，初步建立了交通行业关键专业技术岗位职业资格制度，交通行业职业技能鉴定工作也取得了实质性进展：形成了以国家职业标准、培训教材、试题库为主体的交通行业国家职业技能鉴定技术要素体系，为交通行业高技能人才建设打下了良好的基础，为开展交通行业职业技能鉴定工作提供了重要保障。

加强交通行业职业技能鉴定基础工作是做好技能人才评价工作的关键，交通行业职业技能鉴定教材的开发是这项基础工作的重要组成部分。交通专业人员资格评价中心在充分调研的基础上，根据国家职业标准，紧紧围绕交通行业发展实际需要，在部有关业务主管部门的指导下，充分发挥职业院校和有关企事业单位的专家作用，以职业活动为导向，以职业能力为核心，按照教材开发的科学性、先进性、适用性和实践性原则，组织编写了全国交通行业职业技能鉴定培训教材。衷心希望大家继续努力，加强协作，确保质量，在培训教材建设方面多出成果，多出精品，为做好交通行业职业技能培训和鉴定工作创造条件。我相信本套培训教材的出版将对交通行业广大从业人员和职业院校相关专业学生职业能力与技能水平的提高有所帮助，为推进交通运输事业又好又快发展发挥积极的作用。

交通运输部副部长：

全国交通行业职业技能鉴定培训教材
编审委员会

主　任： 何　捷

副主任： 申少君　李祖平　杨利华　翁　垒

委　员： 张　萍　沈冬柏　杨华雄　刘大鹏　王福恒　尹俊涛
金守福　刘　鹏　李　娟　丛英莉

公路收费及监控员（高级）编审人员

主　审： 谢家全

主　编： 周以德

副主编： 康　斌　陈苏依

参　编： 汪　洋　夏继明　李　烨　李　斌　张家滨　康　蕙
张秀华　曹小峰　何　鹏　董敏娥　沈振宇　张春荣
郭永涛

前 言 Qianyan

为做好交通行业特有职业技能培训及鉴定工作，在公路收费及监控员从业人员中推行国家职业资格证书制度，我们组织交通行业的有关专家编写了《全国交通行业职业技能鉴定培训教材——公路收费及监控员》。

本教材根据《国家职业标准——公路收费及监控员》（以下简称《标准》），以职业活动为导向，以职业能力为核心，突出职业特色。针对公路收费及监控员职业活动的领域，按照模块化的方式，分初级、中级、高级和技师 4 个级别进行编写，各等级内容分别对应于《标准》中 4 个等级的“工作要求”。

本教材高级分册分 3 个单元，即公路收费、公路监控和交通量调查。公路收费单元介绍了公路收费、收缴通行费、结交票款、设备维护与保养、收费稽查等知识与技能；公路监控单元介绍了监控收费、监控道路通行状况、采集和发布信息、诊断与排除设备故障等知识与技能；交通量调查单元介绍了数据采集系统、数据整理系统、设备的维护保养等知识与技能。

本教材主要用作公路收费及监控员（高级）技能鉴定的辅导用书，也可作为交通类职业院校相关专业的教学参考书，还可供公路收费及监控员从业人员继续教育和自学使用。

本教材在编写过程中，得到了交通运输部公路司、科教司等部门的指导，以及江苏省交通技师学院的大力支持，同时也得到江苏宁沪高速公路股份有限公司和江苏京沪高速公路有限公司等单位的协助，在此一并致以衷心感谢。

由于编写时间紧，内容多，加之编者水平有限，书中不足之处在所难免，恳请各位读者不吝指正。

交通专业人员资格评价中心
（交通部职业技能鉴定指导中心）

二〇〇八年四月二十一日

目 录 *Mulu*

单元一 公路收费

学习目标

通过本单元的学习，使学员了解和掌握非接触式IC卡和电子标签的读写原理和操作方法，以及不停车收费、计重收费、联网收费、通行费拆分等相关收费业务综合知识；掌握一定的常用平台软件使用方法和相关设备的维护方法，并掌握收费稽查的职责、程序和相关规定。

知识要求

1. 通行卡结构和工作原理；
2. 电子标签使用方法；
3. 收费业务综合知识；
4. 便携式收费设备的连接方法；
5. 联网收费相关知识；
6. 票、卡发放、回收统计办法；
7. 平台软件使用知识；
8. 车道工控机的结构、特点和工作原理；
9. 设备维护保养知识；
10. ETC工作原理；
11. 稽查人员守则、岗位职责、工作程序和相关规定。

技能要求

1. 能熟练发放通行卡和收缴通行费，并能处理工作中的各类特殊情况；
2. 能制订收费站安全预案；
3. 能编制通行费的拆分报表，熟练掌握票卡发放方法；
4. 能熟练使用常用平台软件，并对车道工控机、打印机、读卡器等设备进行简单的维修维护；
5. 能独立开展稽查工作，并填制各类报表。

课题一 通行卡结构和工作原理

模块一 通行卡结构和工作原理

1. IC卡的基本知识

IC卡就是集成电路卡，英文名有“Smart Card”、“IC CARD”等。

IC卡上可以印有彩色相片、图案及说明性的文字等信息。如图1-1所示。

由于IC卡采用了当今最先进的半导体技术和信息安全技术，IC卡相对于其他各类的卡具有以下4大特点：

(1)存储容量大。其内部有ROM、RAM、EEPROM等存储器，存储容量可以从几个字节到几兆字节。

(2)体积小，质量小，抗干扰能力强，便于携带，易于使用。

(3)安全性高。IC卡从硬件和软件等几个方面实施其安全策略，可以控制卡内不同区域的存取特性。存储器本身具有安全密码，如果试图非法对之进行数据存取则卡片自毁，即不可进行读写。

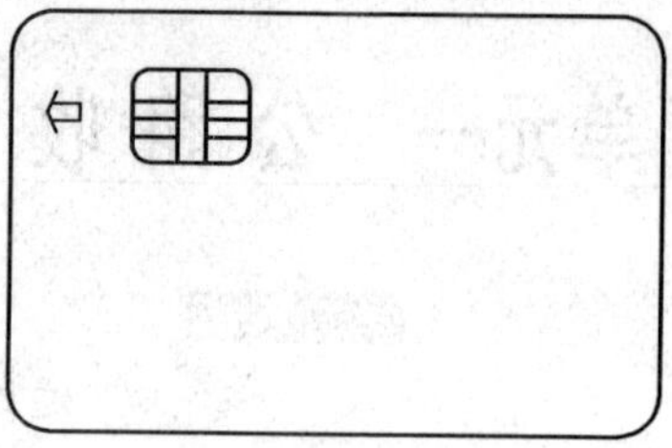

图1-1　IC卡示意图

(4)对网络要求不高。IC卡的安全可靠性使其在应用中对计算机网络的实时性、敏感性要求降低，十分符合当前国情，有利于在网络质量不高的环境中应用。

2. 非接触式IC卡

非接触IC卡又称射频卡，是最近几年发展起来的一项新技术，它成功地将射频RF识别技术和IC卡技术结合起来，解决了无线传输能量(卡中无电池)与无线读写(卡与读写器免接触)这一难题，是电子器件领域的一大突破。

3. 非接触式IC卡读写原理

非接触式IC卡的读写是依靠专用的读写器来完成的。非接触式IC卡读写器由控制器、天线、电源三部分组成，它们协同工作，以射频方式完成对非接触式IC卡的读写操作。其中控制部分是整个非接触式IC卡读写器的核心，它包括一个高性能的微处理器，一个专用的ASIC模块，一个射频发送/接收电路及串行(或并行)接口电路。射频电路部分由金属罩加以屏蔽，完成射频信号的产生和调制、解调功能。射频电路通过50Ω的同轴电缆与天线相连，通过天线发送射频信号给非接触式IC卡，工作频率典型值为13.65MHz，采用FSK调制方式，通信速率为106kb/s。非接触式IC卡通过卡上的环形天线接收读写器发出的固定频率的射频信号。该射频信号既作为通信信号，同时经卡内整流电路处理后，向非接触式IC卡内部的集成电路提供能量(卡片内有一个LC谐振电路，其谐振频率与读写器发射的频率相同，在电磁波的激励下产生共振，从而使电容内有了电荷，在这个电容的另一端，接有一个单向导通的电子泵，将电容内的电荷送到另一个电容内储存，当所积累的电荷达到2V时，此电容可作为电源为其他电路提供工作电压)，使各模块开始工作，卡与读写器进入通信阶段。射频电路通过ASIC专用芯片与微处理器相连，ASIC专用芯片用于实现数字与模拟信号的相互转换，微处理器与ASIC专用芯片共同实现密码管理、多张卡的防冲突处理等功能。通信接口电路则以串行接口RS232C或RS485完成读写器与计算机间的通信。读写器也有的制成PC标准的插槽接口，直接内插在PC机插槽内。图1-2为非接触IC卡读写器的原理框图。

4. 非接触式IC卡的优点

非接触IC卡与磁卡及IC卡相比较，非接触式IC卡具有以下优点：

1)可靠性高，维护成本低

非接触式IC卡与读写器之间无机械接触，避免了由于接触读写而产生的各种故障。例如：由于粗暴插入、非卡物插入、灰尘或污染导致接触不良等原因，造成的故障，大大地减少了磁卡或接触式IC卡因机械磨损或接触不良而带来的维修和部件更新费用，并减少了因故障给用户造成的不便和经济损失。此外，非接触式IC卡表面无裸露的芯片，无须担心脱落、静电击穿、弯曲损坏等,既便于卡片的印刷,又提高了卡的使用可靠性。

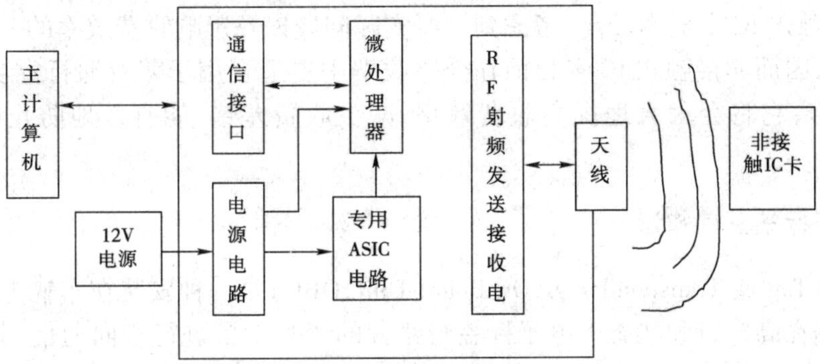

图 1-2 非接触式 IC 卡读写器原理框图

2)全天候工作

非接触式 IC 卡可在 -20 ~90℃(相对温度 90%)正常工作。

3)操作方便、快捷

由于非接触通信,读写器在 10cm 范围内就可以对卡片操作,所以不必插拔片,用户使用非常方便。同时,非接触式 IC 卡使用时没有方向性,卡可以任意方向掠过读写器表面,即可完成操作,这样大大提高了每次操作的速度。典型一次交易时间小于 0.5s,解决了行进过程中卡应用难的问题。

4)防冲突

非接触式 IC 卡中有防冲突机制,能防止卡片之间出现数据干扰,因此读写器可以"同时"处理多张非接触式 IC 卡。在高速公路收费系统中通常不允许一次使用多张 IC 卡,但却为车队通过提供了一定的快速处理条件,同时通行卡计算机管理时可以快速输入。

5)实用、耐用

非接触式 IC 卡的存储结构特点使它便于一卡多用,在高速公路应用既可作通行卡使用,又可作含金卡支付通行费用,当然它也能应用于不同的系统,用户根据不同的应用设定不同的密码和访问条件。每张卡写入次数大于 10 万次,只读无限制,卡的使用寿命很长。

6)加密性能好

非接触式 IC 卡的序列号是全球唯一的,制造厂家在产品出厂前已将序列号固化,不可再更改。非接触式 IC 卡与读写器之间采用双向验证机制,即读写器验证 IC 卡的合法性,同时 IC 卡也验证读写器的合法性。

非接触式 IC 卡在处理前要与读写器进行三次相互认证,而且在通信过程中所有的数据都加密。此外,卡中各个扇区都有自己的操作密码和访问条件,可单独脱机使用。

由于非接触式 IC 卡具有以上无可比拟的优点,所以它除用于接触 IC 卡领域外,可实现一卡多用,还特别适合于运动中、行动不便和恶劣环境中卡的应用,如公路收费、公共交通收费管理、加油站和停车场收费管理、医疗记录和收费、保险业务等。另外,非接触式 IC 卡可实现脱机使用,可使现行银行信用卡、储值卡和电子钱包的推广应用跃上一个新台阶,在计算机网络尚在建设时,银行卡应用的风险将因非接触式 IC 卡技术而降到最低点。

5. 非接触式 IC 卡在高速公路收费系统中的应用

非接触式 IC 卡同磁卡一样,在高速公路收费系统中可用于通行卡、预付卡、系统卡和记账卡等,但同磁卡一样,必须有一整套完善的 IC 卡管理系统,需跟踪通行卡流动情况。目前它已在沪宁高速公路、太旧高速公路、哈大高速公路等被用于通行卡。

目前非接触式IC卡成本较高，考虑到一些实际问题以及影响收费效率的一个主要因素是交钱找零时间，因而非接触式IC卡目前在公路收费中更适合用于兼有通行券功能的预付卡、免费卡、记账卡，它将会大大地提高收费效率，减少收费差错，能有效地防止收费舞弊现象发生。

模块二 电子标签基础知识

电子标签（Tag或Transponder或On-Board-Unit，OBU）是一种安装在车辆上的无线通信设备，可允许车辆在高速行驶状态下电子标签与路旁的读写设备进行双向通信，其结构、工作原理和功能与非接触式IC卡颇为相似，主要差别在于通信距离。它装有微处理器芯片和接收发天线，在高速行驶中（可达250km/h）与相距8～15m远的读写器进行微波或红外线通信，比非接触IC卡的工作频率、通信速率高出很多。它以读/写方式验证电子标签的有效性，可写入或读出电子标签中的数据，可同时处理多张电子标签。由于通信距离较远，凭借读卡机发射的微波或经外功率转换为电子标签的能源在功率上难于满足通信距离和通信速率的要求，一般需配备锂电池或接装车辆电源，电子标签一般为有源器件。

电子标签具有身份证明、通行券或兼用代替现金付账等功能，其体积小、质量小，如同一张标签贴在汽车前挡风玻璃上，用于开放式或封闭式不停车收费。当用户在设有不停车收费系统的公路上行驶时，可不停车高速通过收费站，收费系统设备自动完成通行费征收，极大地提高了收费站的通行能力，减少污染，节约了能源，避免了收费贪污等问题。

课题二 收缴通行费

模块一 车辆基本知识

1. 车辆结构组成

除特殊情况之外，一般车辆是用来运送人员和货物到某地点的。尽管车辆的用途各异，但其均由发动机、底盘、外壳及车箱、电气设备等4大部分组成。

1）发动机

发动机是将燃料燃烧以后的热能转变为所需的机械运动能。由于这些燃料是在发动机内部燃烧的，因而它又名为内燃机。

2）底盘

汽车底盘是将发动机传来的机械能转变为车轮旋转而驱动车辆运动装置。一般汽车底盘由传动系、行驶系、转向系和制动系组成，其中传动系有离合器、变速器、万向传动装置与驱动桥等组成。

3）外壳及车箱

设置的不同驾驶室、车厢及辅助设施以适应不同的工作需要，形成不同的外壳及车箱。

4）电气设备

该部分设备包括充电、起动、照明信号、仪表及辅助装置等。

2. 车辆的分类

根据不同的需要，可以采用不同的车辆分类方法。

1)按汽车的设计用途分类

(1)载货汽车

载货汽车俗称为货车。该类汽车是用来运载货物的,有一个明显的货厢。如国产的解放CAl41、东风EQl40-1和进口五十铃250等。

货车按自重可分为:

①微型货车:自重≤1.8t;

②轻型货车:1.8t<自重≤6t;

③中型货车:6t<自重≤14t;

④重型货车:自重>14t。

(2)越野汽车

该类汽车能在道路不良或无路的条件下行驶。它们的最大特点是所有车轮都是驱动轮,车轮是大花纹的越野型外型。如国产的北京212型、东风EQ240型,进口的法国54201型、美国的M-151型等。

越野汽车按其自重可分为:

①轻型越野汽车:自重≤5t;

②中型越野汽车:5t<自重≤13t;

③重型越野汽车:自重>13t。

(3)自卸车

该类车辆在驾驶员的操作下,使车厢自动向后倾斜,所装的货物可以自动卸下。这类车辆主要用于施工工地或矿山装载建筑材料及矿产品,如砂、石、煤、铁矿石等的短距离运输。

自卸车按它的最大装载质量可分为:

①轻型自卸车:最大装载质量≤6t;

②中型自卸车:6t<最大装载质量≤13t;

③重型自卸车:最大装载质量>13t;

④工矿自卸车:最大装载质量均大于13t。

(4)客车

该种车辆的车厢内设有座位或卧铺,用来运载人员。其车厢与驾驶室同一体,一般是长方形。

客车按其车长可分为:

①微型客车:车长≤3.5m;

②小型客车:3.5m<车长≤7m;

③中大型客车:车长>7m。

(5)轿车

轿车也称为卧车,俗称"的士"(轿车英文的音译)。这类车辆核定只能乘坐4人以下,车内设备齐全,乘坐舒适。

轿车是按发动机的排气量(即发动机总的工作容积)进行分类的:

①微型轿车:排气量≤1.0L;

②普通级轿车:1.0L<排气量≤1.6L;

③中级轿车:1.6L<排气量<2.5L;

④中高级轿车:2.5L≤排气量<4.0L;

⑤高级轿车:排气量≥4.0L。

(6)特种用途专用车

这类专用车辆为了满足某种特殊的用途,车上除一般汽车所具有的装置之外,还设置一些特殊装置。该类车辆用途专一,只供某种专业较强的行业使用。如罐式专用车、集装箱专用车、水泥混凝土运输车、吊车与扫地车等。

2)按汽车发动机所使用的燃料分类

(1)柴油车

发动机是以柴油作燃料的。

(2)汽油车

发动机是以汽油作燃料的。

以上所讲到有关汽车的自重、装载定额、装载人数、长度、排气量等数据,均以该车辆出厂说明书所列为准。

3. 车辆的外形结构

1)载货汽车

货车的外形最明显的是驾驶室与货厢是分开的,在驾驶室后面有一货厢。驾驶室有平头及外伸两种,有单排座位或双排座位。平头驾驶室驾驶员的视野大,室内部位置较为紧凑,外伸驾驶室刚好相反。目前生产的货车驾驶室已有较大的改进,加装了空调、音响,使驾驶室内部环境更加舒适。

货车的货厢有敞开式及密封式两种。敞开式的栏板可以从三个方向打开放下,而密封式只能从后面开门(目前也有少量密封车厢可以从右侧开门以便装卸)。

2)越野汽车

越野汽车主要有客用及货用两种。

客用越野汽车的车头均外伸,驾驶室与车厢连为一体。底盘有较大接近角、离去角,通过高度(或称离地距离)以及大花纹越野型轮胎以适应野外行驶的需要,而且是前后车轮都驱动。

货用越野汽车是将普通货车的货厢装在越野底盘上的车辆。

3)自卸车

这类车的驾驶室与普通货车相似,所不同的是货厢。货厢用钢板制造,有利于装载矿石、砂、石等。两边的侧板(非栏杆)固定在底板上不能打开,与底盘的连接是圆弧状或棱状。车厢的后板则是向上翻开的,方便卸货。

4)客车

如前所述,客车的驾驶室与车厢做成一体,呈长方形,两侧的玻璃可以打开,而前后的玻璃是不能打开的。

5)轿车

轿车的外形有很好的流线型,以减少空气阻力,有利于高速行驶。它的接近角、离去角、离地距离都比较小。

6)特种汽车

这类汽车由于用途相差较大,除了驾驶室与普通货车类似外,其余的相差很大。如吊车,它后面的车架上有一底板,在底板上有起吊用的吊杆、转盘及操作室,行驶时吊杆必须放在驾驶室的顶上或右侧。

罐式专用车的车厢是密封的圆柱形或椭圆形的，有利于形状不定的液态（如汽油）或粉末（如散装水泥）的装运。

钻机车是用来钻探或钻孔桩用的，在车架上装有钻架。

4．随车证件

为了方便车辆的管理和使用，国家规定车辆在行驶时必须携带有下列证件："中华人民共和国机动车驾驶证"、"中华人民共和国机动车行驶证"、"车辆购置附加费缴费证"、"公路增容费缴费凭证"、"车船使用税记录卡"、"中华人民共和国公路养路费缴费凭证"、"机动车辆保险证"等，另外营运车辆还要有"营运证"等。

1）驾驶证

"中华人民共和国机动车驾驶证"简称驾驶证，是学员在汽车驾驶培训学校或单位学习，由公安部门考试合格后颁发的。该证是驾驶员唯一合法的技术证明书，凭本证驾驶员可以在全国（不含港澳地区及台湾省）道路上驾驶准驾车型的民用机动车。

驾驶证的特点是：

（1）由地市级公安局车辆管理所核发。

（2）黑色硬塑料外壳。

（3）正证及副页各一件。

（4）正证上的主要内容有：

①证号。是本人的身份证号码，也是副页上的证号；

②姓名及本人1寸的彩色相片；

③准驾车型（用字母表示）；

④有效日期。

（5）副页主要内容有：

①证号。与正证同号，另外为了各地方便管理还有一个档案编号；

②每年的年检记录，即是注明该驾驶证年检有效期。

另外副页还可作为违章、肇事、奖励记录。当驾驶员违章或肇事后，公安机关可以扣留副页但必有"暂扣证"代替副证。该"暂扣证"在它的有效期内与副页具有同等效力。

除上述驾驶证外还有"中华人民共和国学习驾驶证"，是学习驾驶机动车者的证件；"中华人民共和国机动车临时驾驶证"，是临时来华的境外人员的证件；还有"中国人民解放军机动车驾驶证"及"中国人民武装警察部队机动车驾驶证"等等。

2）行驶证

"中华人民共和国机动车行驶证"简称行驶证，是经过公安局车辆管理部门检验合格的车辆，取得行驶资格的凭证，是蓝色塑料外壳。行驶证有正副页。正页的反面是本车辆的照片，正面上记录有本车辆的号码、车辆类型、车主、住址、发动机号、车架号、厂牌型号、总质量、核定载质量、核定载客人数、驾驶室前排乘坐人数、发证日期及发证机关公章。副页上记录车牌号码、车辆类型、车主以及年检记录和发证机关公章。行驶证上的车牌号码、发动机号、车架号必须与车辆上牌号、钢印相同。

行驶证的副页由于某些原因可能由暂扣证所代替，暂扣证的效力与副页相同。

3）购置费证或附加费证

该证是"车辆购置附加费缴费凭证"的简称，新购车辆凭发票到各地交通部门办理。该证是车主为了改善交通条件而一次性缴纳费用后发给的证书。

本证书是红色硬塑料外壳,其内记录着车主姓名、牌照号码等。

4)增容费证

该证是"公路增容费凭证"的简称,有些地方又称"落地费证"。该证是各省(市、自治区)为改善公路向车主一次性征收费用后发给的凭证。

5)车辆使用税卡

该卡是国家税务部门向车主征收车辆使用税后发给的记录卡。车主在每年的上半年应向税务部门交纳一定的税费,税收部门在该卡上盖章认可车主已交纳本年使用税。

6)养路费证

养路费是公路养路费的简称,是国家按照"以路养路"的原则,规定由交通主管部门向车主征收用于养路和改善公路的专项事业费。当车主缴纳了上述费用以后由收费部门发给养路费缴纳凭证。该证应贴在前挡风玻璃内右上角(对于不能张贴的车辆应随车携带),以便查验。

养路费缴讫证全国统一,可以全国通用,由中华人民共和国交通部监制。有以下4种不同的形式:

(1)缴讫证　机关、企业事业单位、个体车主的车辆,即专营车以外的所有车辆缴费后核发的凭证。该证的特点是下面有一个显眼的"缴"字,并注有有效使用期限。

(2)统缴证　专业运输单位的营运车辆缴费后核发的凭证,该证的特点是正面有一个显眼的"统"字,并注有有效使用期限。

(3)免征证　核发给经批准享受免征待遇的车辆的凭证。该证的特点是下面有一个显眼的"免"字,同样标有使用期限。

(4)补换证　原缴讫证遗失后,由车主申请并经核实,由原收费部门补发的凭证。它的特点是正面有一个显眼的"补"字,也标有有效使用期限。

除了汽车养路费缴费凭证使用全国统一凭证之外,某些机动车,如摩托车、拖拉机以及畜力车的养路费缴费凭证是由各地方交通管理部门和财政部门自行印制的,全国尚未统一。

7)保险证

机动车辆保险证是车主向保险公司购买了车辆的保险以后,由保险公司向车主发给的凭证。根据公安部门要求,车主必须为车辆购买保险,由保险公司向车主发给凭证以后,车辆才能上路行驶。该证上标明被保车辆的牌号、发动机号、车架号、保险类别及金额和保险有效期等。

模块二　收费站位置的选择

收费站位置的选择是收费公路设计的重要内容之一,若考虑欠周详,将造成未来用路者的不公平性,成为交通"瓶颈"和事故多发段,给道路使用者和经营者造成经济与时间上的损失。下面将详细介绍收费站形式和收费站位置选择应考虑的因素。

1. 收费站的类型

按照收费站所处的位置,可分为主线收费站和匝道收费站。

1)主线收费站

主线收费站是指设在主线上的收费站。封闭式收费系统除在高速公路两端各设一个主线收费站外,其余设在匝道上。开放式收费系统的收费站或主线/匝道栏栅式主线收费站,一般是在高速公路上每隔一定距离设置一座双向收费站。主线收费站的缺点是预期的高交通量会造成收费广场太宽，而使道路用地范围宽得不切合实际，征地困难，并可能产生最小转弯半径不足等问题。此外，还会严重地妨碍不停车收费系统的使用，因为驾驶员经过收费站时，不得不减速慢行。

2）匝道收费站

匝道收费站是指设置在匝道上或联络线上的收费站，其布设方式可分为集中式与分散式两类。对于封闭式收费系统，集中式是将同一立交每一进出匝道均引至一处，与地区道路相衔接，集中设置双向收费站。此种方式的优点是方便了收费站的管理，提高了人员、设备的使用效率与机动性，收费车道也可视双向交通的分配比例弹性调拨使用。缺点是因为集中设置，会限制立交几何线形的设计，也会限制收费站位置的选择。此外，收费站上、下匝道上因立交几何线形限制，在绕行交通量大时，容易堵塞而影响相关车辆的运行，发生车辆交织现象。而对于均一制收费站或主线/匝道栏栅式匝道收费站，只需入口或出口匝道引至一处，与地区道路相接，集中设置收费站。

2. 收费广场

收费广场设置于收费岛前后，其功能为供车辆加、减速缓冲过渡，车辆等待缴费。广场的线形设计必须能使车辆顺利进入任何车道，应有足够的车辆等候缴费空间，以及车辆驶回正常车道的汇合空间。

3. 收费车道、收费岛与收费亭

1）收费车道宽度设计标准

收费车道的宽度主要取决于通行车辆的外形尺寸，即确定收费车道宽度时，须考虑车辆的宽度以及低速下车辆横向摆动幅度，使车轮与收费之间保持一定距离，以保证车辆安全运行，方便收费。

根据《道路交通管理条例》规定，车辆货载不得超过车宽，考虑留一定余地，收费车道一般宽为3.0m，对于以大中型车辆为主的收费广场，宽度宜为3.2m。行驶方向右侧最外车道宽度为3.5～4.0m，为特种车辆通行使用。为使使用不停车收费车道的车辆能以较高车速通过收费站，不停车收费车道宽度一般为3.6m，路肩宽1.2m。

2）收费岛

收费岛是为了分隔收费车道，以免车辆相互干扰，同时提供一个安全区域而设置的安全岛的突起物。岛上设有收费亭、收费设备（如电动栏杆、通行信号灯）、通行管道和通行手井等装置。

收费岛宽一般为2.0～2.2m，寒冷地区为2.7m。岛中间段高度为0.15～0.25m，岛长为22～36m，设计时根据收费系统所安装的收费设备情况具体确定岛长。

收费岛的端部应具有一定的高度（不超过1.0m）并敛成楔形，采用钢筋混凝土基础，岛头和两侧用水泥混凝土或钢护栏作防护，收费亭外侧四周加防撞物，以防止车辆失控而冲上收费岛，破坏收费设备，威胁收费工作人员的安全。

岛头应设置黄黑相间的反光立面标志，在多雾区还应在岛头设置雾灯，并可设置必要的引导标志及防撞设施。

3）收费亭

收费亭是设置在收费岛上的建筑，其内设有计算机、柜台（存放票证与通行券）、操作台，并供收费人员进行收费作业与休息之用。收费亭表面可标有各车种通行费用等标志，以方便驾驶员使用。

4）收费遮棚

遮棚高度，应根据道路性质、等级以及交通工具情况而定，同时，还须考虑远景交通工具的发展变化及路面维修加固因素。

根据交通规则规定，大型货车装载高度不得超过4m，故遮棚净空高必须大于4.5m以上。《公路桥涵设计通用规范》（JTG D60—2004）规定，桥下净高：高速公路，一、二级公路为5.0m，考虑收费遮棚特征，净高为5.0～5.4m，宜取5.4m。对于收费车道数多收费遮棚长的收费广场，遮棚净空可取6～7m，以达到美观协调。收费遮棚长度与收费广场的宽度保持一致，遮棚宽度尽可能大于或等于14.0m，以获得良好的防晒、防雨效果。

4. 地下通道

收费车道达到8条（日本规定6条）或8条以上的收费广场，应设置供收费员上下岗通行的地下通道（兼电缆通道），每隔一个收费岛设一处阶梯，确保经常往来监控楼和收费亭的站内工作人员的安全，且出入口应设在收费监控楼内，避免闲杂人员进入。

5. 收费监控楼

收费监控楼一般设在紧挨收费广场出口的一侧。监控值班室与站长室应设在监控楼的二楼，值班室面向收费广场，且与收费广场中心线有较大的夹角（30°～60°），通过宽敞的玻璃窗，监控员能用肉眼看清所有收费亭和收费广场的情况。若碰到地形位置受限制，可作相应的调整，但仍然要以能对收费主体起监控作用为前提。

6. 收费站的标志与标线

1）收费站的预告标志

收费站的预告标志共有5块，其中3块是2km、1km、500m预告标志，主要设于主线收费站前2km、1km、500m的位置，进行先期预告，另有1块则置于收费广场前适当位置。如果是出口匝道收费站，在两条出口匝道的交汇处设1块标志，指示驾驶员前方不远处即是收费站。

2）收费站的禁止标志

在高速公路的入口，一般在互通或主线收费站以前，应设置禁止拖拉机通行标志、禁止摩托车通行标志、禁止非机动车通行标志、禁止行人通行标志，有时还应设置限高标志、低速标志（注：此标志尚未推广）。为节省立柱、基础与版面，可把以上标志合并设置。

3）收费站的标线

《道路交通标志和标线》（GB 5768—2009）规定：收费广场均需标画收费岛标线与收费岛迎车流方向的地面标线。前者标线的颜色为黄黑相间的斜线，线宽各为15cm，由岛头中间以45°角向两边标画；后者标线的颜色为白色，线宽为45cm，间隔100cm，成45°斜角，外围标线宽20cm。标线应画在迎行车方向，长15m。

减速线为白色反光虚线，根据设置位置的不同，可以是单虚线、双虚线和重复三次，垂直于行车方向设置。减速标线间距应使驶向收费车道的车辆通过各标线间隔的时间大致相等，以利于行驶速度逐步降下来，其中第一道减速线（指最靠近收费站的）设置于距收费广场中心线50m的地方。

模块三 计重收费基础知识

1. 计重收费产生的背景

由于收费公路的发展，超载超限运输现象也随之出现，载货类汽车的严重超载超限运输，危害交通完全，污染环境，缩短汽车本身使用寿命，同时造成了对公路路面的严重损坏，特别是早期疲劳损坏,大大降低了道路的使用寿命。在高速公路上,由于大量的超载超限车辆,严重影响高速公路通行能力,许多超载车辆其最高行车速度只能达到60km/h左右,甚至更低。

2. 实施计重收费的优越性

实行计重收费,就是以车辆总质量和行驶里程为依据进行的收费。与现行的高速公路通行费收费方法相比,具有明显的优越性。

计重收费,可保证公平负担,收费合理;可以有效防止人为票款流失,增加收费额;可以帮助查处超限;使那些"大吨小标"的畸形货车,再没有存在的意义;还可以充分收集积累车辆通行中的各种数据资料;使国有资产得到有效保护;提升高速公路服务水平。

3. 计重收费系统工作原理

1)计重收费系统基本工作要求

计重收费系统通过在收费车道出口设置的轴重检测装置、轴型轮胎数检测装置、红外线车辆分离器等设备联动工作,并经数据采集、计算对经过车辆每轴质量预检,每轴单侧轮胎数及联轴检测,车辆分离器区分前后车;对这些数据分析得出每车每轴轴重、每轴轮胎数、轴型、速度、轴距、轴数、整车质量,并根据交通部2000年第2号令《超限运输车辆行驶公路管理规定》判别车辆是否超限;通过数据接口把这些信息传给车道计算机,车道计算机根据这些信息对车辆的质量按一定比率收费和超限处理;存储的车辆质量、车型等信息的统计还可对道路、桥梁损坏、养护提供依据。

鉴于动态称重检测装置设置在收费车道前端,遇到车流量少或收费站设在下坡路段的情况,车辆可能快速通过,在称重检测装置前端应设置减速垫和限速标志。遇到车流量较大的情况时,车辆依次进入收费车道,车辆有排队进入收费车道的情况,也会出现车轮停在称重板上的情况。因此系统不但具备动、静态称量功能,而且轮胎数及联轴也具备动、静态识别功能,即不论车辆静止或有明显加减速的情况下均能正确识别。

2)系统框图和工作流程

计重收费系统平面图如图1-3所示。

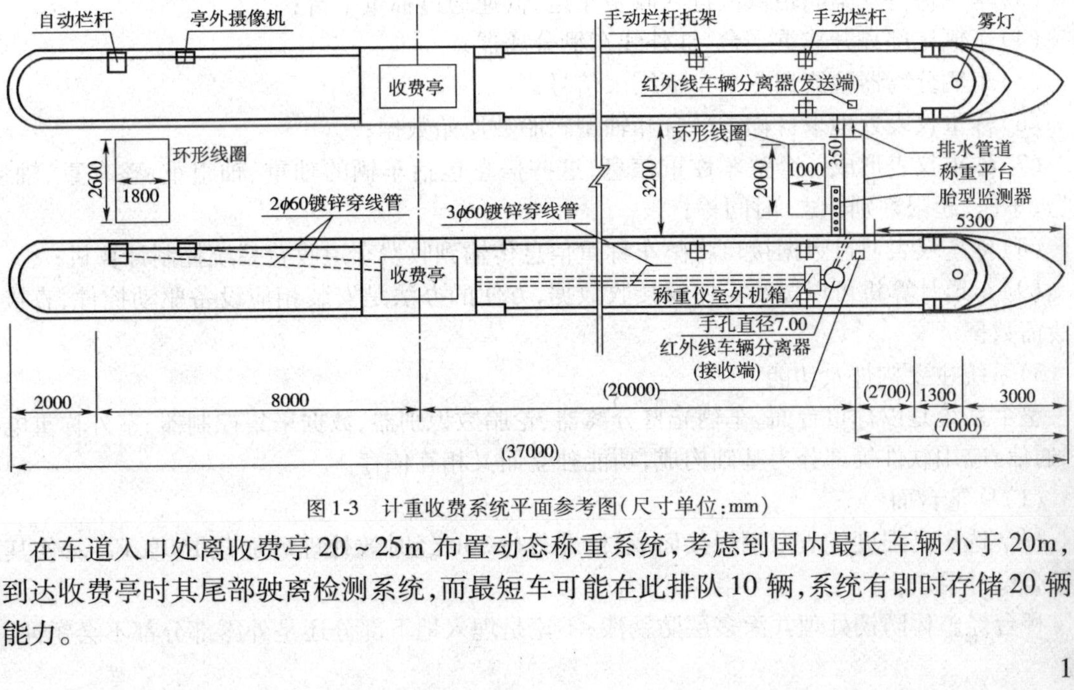

图1-3 计重收费系统平面参考图(尺寸单位:mm)

在车道入口处离收费亭20~25m布置动态称重系统,考虑到国内最长车辆小于20m,当它到达收费亭时其尾部驶离检测系统,而最短车可能在此排队10辆,系统有即时存储20辆车的能力。

当车辆从任一条车道通过称重系统时，动态仪表自动得出每一轴重、轴型等；而车辆分离系统分辨出该车完全通过秤台后，动态仪表即算出整车重，并立即向车道机传送这些数据。由于收费站交通流量大，称重车道通过车辆较多，可能出现如下特殊情况：两辆车间隔较近，同时在称重区域；挂车通过称重区域。

针对上述特殊情况，系统采用进口红外光幕安装于秤体前方两侧道路边，对过往车辆从离地65～125cm以每秒巡检500遍的速度连续扫描。平行扫描时能发现直径大于25mm的物体；交叉扫描时能发现直径大于18mm的物体。能对车间距大于25cm的车辆进行分离。光幕采用编码扫描，在恶劣环境下诸如强阳光直照、雨雪天、雾天，仍能100%可靠工作，以保证称重检测数据与车辆的一一对应关系。

（1）能检测车辆的轴、轴组及整车质量；

（2）能检测车速；

（3）能基本区分车型（接轴数、轴型）；

（4）能记录车辆通过时间；

（5）能按超限车辆判别标准的要求设置超限质量限值，还可以方便地进行调整；

（6）能自动判别车辆是否超限；

（7）能自行处理称重流程；

（8）能形成完整的车辆称重信息，包括车辆的称重、轴组重、整车重、轴型、车型、车速、车辆超限标志、时间等信息；

（9）能通过数据接口将称重信息传输给车道收费计算机。称重系统具备自动缓存功能，在向车道收费计算机发送数据失败时，自动存入缓存消息队列并尝试重发，在此次数据未正常送达前不会被下一条数据冲掉，从而保证称重数据的完整性。

其操作流程简述如下：

（1）称重系统进入工作状态，设有称重仪的车道处于上班状态；

（2）车辆准备从安装有称重仪的外侧车道的其中一个车道通过；

（3）车辆保持安全间距依次进入收费车道，低速通过称重平台；

（4）车辆尾部离开称重平台、红外线车辆分离器；

（5）车辆分离器检测到一个车辆结束信号；

（6）称重仪表处理来自称重平台和轴型轮胎数原始数据；

（7）称重仪表形成一个整车称重信息，这些信息包括车辆的轴重、轴组重、整车重、轴型、车型、车速、超限判别标志、时间等；

（8）称重仪表通过数据接口将整车称重信息传输到收费车道收费系统控制计算机；

（9）车道计算机可以按给定协议接收数据，方便的办法是安装相应设备驱动控件，直接取出所需数据。

3）系统主要构件及功能

整个系统是以称重台面、车辆光幕分离器、轮胎数识别器、数据采集控制器、室外称重电控柜、通信、应用软件等部分为基础构成，功能独立而又相互依存。

（1）称重台面

秤台选用高强度优质型钢焊接而成，标准载荷30t，经时效处理后加载150% F. s.，使其形变符合设计要求。

秤台经整体防锈处理并涂多层防锈漆，不论是埋入地下部分还是外露部分都不会锈蚀。

传感器选用4只精度为0.02%、单只载重为15t、材质为40GrNiMn的钢制密封传感器，防护等级IP67，安全载重45t。

采用合适的机械设计，使得车行方向轮胎对秤台的作用力产生较小转矩，水平冲击力由限位即时抵消，传感器在轮胎经过秤台时能够保持高度稳定，只承受轮胎对秤台的重力。

（2）车辆光幕分离器

光幕采用调制红外光束，不受外界光线的干扰，调制红外光束具有极强雨雾穿透力。发射器和接收器采用聚酯光学镜头，检测距离可达14m，最小检测物体为25mm。最小分断相邻物体距离为100mm。发射和接收采用一一对应方式，不但可以确切得到每条光路的状态，而且避免了相邻光束的干扰，增强了测量的准确性及可靠性。光幕的巡检时间短，每条光路检测时间为55us，整体系反应时间为2ms。光幕采用金属结构，具有很强的抗冲击能力，防护等级为IP65。

光幕外加保护用光幕箱，以应对车辆意外撞击，并能在多尘、泥土溅击时减少维护工作量。光幕设计应可满足收费车道分车要求，并能在恶劣环境中长期可靠工作。

（3）轮胎数识别器

判别各轴类型及每轴单侧单双胎，为主系统提供数据。

轮胎数识别器布置在秤台前方单侧，采用多个高灵敏度传感器组成，检测轮胎总宽以识别每侧的单双胎，配合秤台为主系统识别轴型提供数据。

该传感器最小响应质量为50kg，质量大于1000kg时，自行保护。相邻传感器中心距为145cm，每个传感器感应直径为2.5cm，可检测最小轮胎宽度为120cm触地面积。不仅如此，系统有独特的单双胎识别方式，对轴重可能超限的轴胎增加冗余判别，确保判别准确。

轮胎数识别器独特的布置使动态称重系统能够在运动或静止时正确判断轴组联轴情况，它不单依靠用计算的方法间接求出轴间距来判断，这对正确判断变速行驶车辆的联轴至关重要，大大提高了数据置信度。

（4）数据采集控制器

①运态轴重模块。动态称重仪表，车辆通过秤台时，能及时测出各轴重。采用高速精度24位Σ-ΔA/D转换技术（有效分辩率达100万），采样频率软件调整，实时动态处理软件；采用动态曲线拟合技术，精确测出各轴轴重。自带健盘及宽屏液晶可进行标定、参数设置、加密、数据检测等操作，方便现场调试。精度为0.02%传感器与该仪表配合可生产出±0.1%的秤（国家III级秤标准），动态称重时车辆以20km/h以下的速度匀速通过时，精度可控制在±1%以内，置信度为95%以上。

②控制模块。来自轴重模地、轮胎数识别器及光幕分离器的信号汇总于控制器，从中得出各轴轴重、各轴轮胎数、轴型、平均速度、轴距，区分前后车辆并通过RS232接口向上级计算机传送这些结果。

4）称重电控柜（室外机箱）

防护机箱使机箱电子设备免遭风雨、沙尘等自然力破坏。自动加热和强制通风装置，使机箱内部始终维持在适当的温度范围内。防护等级IP65，具备防雷、抗浪涌冲击装置。

5）环境对计重设备的影响

当计算设备安装在不同环境时，由于环境的影响，将有可能使得计重设备无法正常工作，必须采取措施加以改进。

6）日常维护与保养

所提供的设备均能在恶劣环境中长期可靠工作。设备维修均在设计时精心考虑到，无需大型起重设备和特殊专用工具，快速简便。定期维护可提高可靠性，延长使用周期。

（1）称重平台底部长期使用可能有积土，严重时会影响精度。每隔两年应清理排水系统一次，由于上翻梁结构称重平台的关键部件——称重传感器在路面上，因此雨、雪、融冰不会影响其性能。

（2）轴型轮胎识别器日常无需维护，但每150万次检查一次可大大提高可靠性。

（3）红外车辆分离器有极强穿透力，外罩可防尘，但过多的泥水和动物尸体（特别是蜘蛛捕捉昆虫留下的尸体）会影响其性能，应视环境情况清理（一般每月清理一次玻璃视窗表面）。

4. 常见问题及处理方法

1）如何将两辆车称重数据合成一辆车称重数据

当出现分辨错误时，将一辆车称为两辆车，这时，可人工将两辆车称重数据合成一辆称重数据，操作如下：

（1）收费员在征得值机班长同意后，按“轴重”键，自动抓拍车辆图像，同时收费站监控室显示轴型、收费的车道、收费员信息。

（2）车道计算机屏幕显示，显示“轴型—轴重”列表，收费员按“输入”键，输入第二辆车最后一轴在“轴型—轴重”列表中和序号，重新计算收费额。

2）如何将一辆车称重数据拆成两辆车称重数据

当出现分离错误时，将两辆车称为一辆车，这时，可人工将一辆车称重数据拆成两辆车称重数据，操作如下：

（1）收费员在征得值机班长同意后，按“轴重”键，自动抓拍车辆图像，同时收费站监控室显示轴型、收费的车道、收费员信息。

（2）车道计算机屏幕显示，显示“轴型—轴重”列表，收费员按“输入”键，输入第一辆车最后一轴在“轴型—轴重”列表中和序号，重新计算收费额。

3）如何插入一辆车的称重数据

当出现称重数据与实际车辆数不一致，且少一辆车时，需要插入一辆车称重数据，操作如下：

（1）收费员在征得值机班长同意后，按“轴重”键，自动抓拍车辆图像，同时收费站监控室显示轴型、收费的车道、收费员信息。

（2）计算机屏幕显示，显示“轴型—轴重”列表，收费员按“输入”键，输入“0”自动按最低货车质量（5t）计算收费额，并将当前称重数据移到下一辆。

4）如何插入一辆车的称重数据

当出现称重数据与实际车辆数据不一致，且多一辆车时，需要插入一辆车称重数据，操作如下：

（1）收费员在征得值机班长同意后，按“轴重”键，自动抓拍车辆图像，同时收费站监控室显示轴型、收费的车道、收费员信息。

（2）车道计算机屏幕显示，显示“轴型—轴重”列表，收费员按“更改”键，提示是否删除当前车辆的称重数据，收费员再次按“更改”键，提示是否删除当前车辆的称重数据，自动按下一辆的称重数据计算收费额。

5）称重数据与实际载货量有明显错误

当出现称重数据与实际载货量有明显出入时，操作如下：

(1)收费员在征得值机班长同意后,按“删除一辆车的称重数据”的操作流程删除当前称重数据。

(2)按“插入一辆车的称重数据”的操作流程插入一条空称重数据,自动按最低货车质量(5t)计算收费额,并将当前称重数据移到下一辆。

6)称重设备故障

当出现与称重设备通信故障或称台损坏,无称重数据时,操作如下:

(1)收费员在征得值机班长同意后,按“轴重”键,自动抓拍车辆图像,同时收费站监控室显示轴型、收费的车道、收费员信息。

(2)自动按最低货车质量(5t)计算收费额。

7)胎型错误

当出现与称重设备通信故障或称台损坏,无称重数据时,操作如下:

(1)收费员在征得值机班长同意后,按“轴重”键,自动抓拍车辆图像,同时收费站监控室显示轴型、收费的车道、收费员信息。

(2)车道计算机屏幕显示,显示“轴型—轴重”列表,收费员输入错误的轴型在“轴型—轴重”列表中的序号后按“更改”键修正轴型,车道计算机自动按修改后的轴型重新计算通行费。

5. 计重收费处理预案

该预案指称重设备局部、整体发生故障设备时,或者因为设备本身的原因,产生输出误差或者输出错误时的应急处理方法。

1)错误分辨车辆

错误分辨车辆时,称重设备会将一辆车判断成两辆车。但是总轴数和总质量与实际车辆相同。此时采用人工输入车辆各轴轴型的方式,进行人工判定处理。

2)车辆分辨不清

车辆分辨不清时,称重设备会将两辆车、甚至多辆车判断成一辆车。该辆车的轴数是被错判的车辆总轴数之和,质量是各车的质量之和,而各轴的轴型和轴重不变。此时首行统计实际车数。然后采用人工顺序输入各车辆各轴轴型的方式,进行人工判定处理。

3)称量误差

对于已经正确标定的称量设备所产生的称量误差,统一使用拆账中心下发的误差修正值按轴修正。

4)称量错误

对于已经正常使用的称量设备偶然产生的称量错误,按照最低标准收费。

5)通信错误

正常使用的称重设备,如果发生不能够读取称重数据,或者读取称重数据错误时,有可能是通信错误,此时应重新启动车道计算机。

如果无效时,重新启动称重设备。再无效时,打开备用车道收费。当没有备用车道可以使用时,则按照最低标准收费。

6)胎型检测器损坏

胎型检测器损坏时,称重设备无法正确判断轴型,最终使得车道计算机计算总轴限错误。但是,当胎型检测器损坏时,轴重数据一般都是正确的。

发生总轴限计算错误时,计算出的总轴限往往低于实际总轴限,使得不超限的车辆也被误判为超限。

对于不超限车辆没有影响，对于超限车辆则有可能因总轴限错判而引发争执。此时应立即报修，打开备用车道收费。

当没有备用车道可以使用时，则将车道收费软件设置为胎型监测器故障的工作方式，除前轴外，所有后轴都按双胎处理。

7）总轴限计算错误

发生总轴限判断错误的原因多数是因为胎型检测器将双胎判成单胎，引起称重设备对轴型判断错误，最终使得车道计算机计算总轴限错误。

发生总轴限计算错误时，计算出的总轴限往往低于实际总轴限，使得不超限的车辆也被判为超限。但是，在发生总轴限判断错误时，轴重数据一般都是正确的；此时，如果没有影响收费金额，一般不会引发争执，可以不必理会；但是影响到收费金额，尤其是在超限加收时，往往会引发争执。如果发生争执，应针对该辆车，临时将车道收费软件设置为胎型监测器故障的工作方式，除前轴外，所有后轴都按双胎处理。

8）总轴数判断错误

总轴数判断错误时，会使得总轴限误判为较大值，此时，如果总质量不变，对收费金额没有影响，一般不会引发争执，可不必理会。如果总质量增加，能够进行人工判定时，则删去错误的轴（轴组）数据，重新计费。无法进行人工判定时，按照最低标准收费。

9）称重数据丢失

当称重数据偶然丢失时，无法提供称重数据。此时应按照最低标准收费。

10）称重数据多发

当称重数据偶然多发，或者有车闯卡时，通过软件人工删除多余的称重数据，记录事件，继续收费。

11）线圈损坏

当线圈发生故障时，只要光栅正常，并不影响使用。此时应立即报修，继续使用。

12）光栅损坏

当光栅发生故障时，影响车辆判别。此时应立即报修，打开备用车道收费。如果没有备用车道可以使用，但是有备用线圈时，应人工疏导车辆，保持车距2m以上，使用线圈收尾。

13）光栅和线圈同时损坏

光栅和线圈同时损坏时，称重设备不能够对车辆收尾，无法向车道计算机提供车辆数据。此时应立即报修，打开备用车道收费。

当没有备用车道可以使用时，应按照最低标准收费。

14）秤台损坏

秤台损坏时，无法提供称重数据。此时应立即报修，打开备有车道收费。

当没有备用车道可使用时，应按照最低标准收费。

6. 硬件故障时软件处理流程

1）线圈损坏

当车辆检测线圈发生故障时，车道计算机对故障设备进行记录和显示；如果光栅正常，不影响计重收费操作流程。

2）光栅损坏

光栅发生故障时，车道计算机对故障设备进行记录和显示；如果车辆检测线圈正常，可人工辅助车辆分离，不影响计重收费操作流程。

3)光栅线圈同时损坏

车辆检测线圈和红外光栅同时损坏,车道计算机对故障设备进行记录和显示;此时车辆不能分离,车道计算机无法收到称重数据,按货车最低吨位收费。

收费流程如下:

(1)收费员输入货车车型,并从驾驶员手中取回IC卡并在读写器天线上面划过。

(2)计算机屏幕显示"无称重数据"。

(3)收费员在征得值机班长同意后,按"轴重"键,自动抓拍车辆图像,同时收费站监控室显示最低重量收费的车道、收费员信息。

(4)车道计算机显示根据行驶里程及最低货车吨位的通行费。

(5)收费员收取通行费后,按"放行"键。

4)胎型检测器损坏

当胎型检测器故障时,车道计算机对故障设备进行记录和显示;此时无法正确判断轴型,车道计算机将所有车辆后轴轴型转为双胎进行记录和计算。

5)秤台损坏

当秤台故障时,车道计算机对故障设备进行记录和显示;此时车道计算机无法收到称重数据,按货车最低吨位收费。操作流程与车辆检测线圈和红外光栅同时损坏相同。

6)与车道计算机通信故障

与车道计算机通信故障时,记录和显示故障信息;此时车道计算机无法收到称重数据,按货车最低吨位收费。操作流程与车辆检测线圈和红外光栅同时损坏相同。

7)输出数据产生错误或误差

(1)称量误差

已经正确标准定的称量设备所产生的称量误差,由结算中心输入误差修正值,并下发到收费车道,车道计算机接收到称重数据后按轴修正,并按修正后的值计算通行费。

(2)轴限错误

当胎型检测器将双胎判成单胎,造成轴限判断错误,最终通行费计算结果错误。如果轴型判定错误,但轴重并未超限,则不影响通行费计算和收费操作。当轴型判定错误且轴重超限时,需要收费员人工修正。

收费流程如下:

①收费员输入货车车型,并从驾驶员手中取回IC卡并在读写器天线上面划过。

②计算机屏幕显示轴重数据及应收通行费,收费员发现轴型检测错误。

③收费员在征得值机班长同意后,按"轴重"键,自动抓拍车辆图像,同时收费站监控室显示轴型、收费的车道、收费员信息。

④车道计算机屏幕显示,显示"轴型—轴重"列表,收费员按"输入"键,输入当前车辆最后一轴在"轴型—轴重"列表中和序号,重新计算收费额。

⑤收费员收取通行费后,按"放行"键。

(3)车辆分离错误

车辆分离错误时,称重设备会将一辆车判断成两辆车,或两辆车判为一辆车,但是总轴数与实际车辆相同。当车辆分离错误时,需要收费员人工修正。

(4)总轴数错误

总轴数错误时,一般由于车轴不平衡,不影响车辆总质量及收费。

(5)牵引(排障)车处理

由于称重设备无法分离牵引(排障)车与被牵引车,只能得到两车总质量。因此,在进行计费,需要人工输入牵引(排障)车的质量,计算被牵引车质量后计费。

收费流程如下:

①收费员输入牵引(排障)车的车型,然后键入“牵引”键,屏幕提示收费员输入牵引(排障)车的质量。

②收费员输入牵引(排障)车的质量后,并从驾驶员手中取回IC卡并在读写器天线上面划过,计算机显示应收通行费。

③若牵引(排障)车为公务车,按“公务”键和“放行”免费,否则,对牵引(排障)车按应收通行费收费。

④牵引(排障)车操作中,第一辆车的“放行”键操作不会使栏杆自动抬起,收费员输入第二辆车的车型,并输入第二辆车的IC通行卡。

⑤车道计算机从称重数据中减去牵引(排障)车质量后,计算通行费并显示第二辆车的通行费;牵引(排障)车不进行轴超限判定,只按总质量计费。

⑥收费员收取通行费后,按“放行”键。

(6)称重数据数与称重车辆数不符

车辆分离错误时,如果收费中未及时发现和处理,就会造成称重数据与称重车辆对应关系错误,需要收费员人工修正。

称重数据与称重车辆对应关系错误有两种:一是车辆分离错误将两辆车判为一辆车且收费员未进行人工修正,导致当前显示称重数据为下一辆车的称重数据,当前车辆对应关系错误;另一种是车辆分离错误将两辆车判为一辆车且收费员未进行人工修正,导致当前显示称重数据为下一辆车的称重数据,当前车辆称重数据丢失,这时按最低货车质量收费。

操作流程如下:

①收费员输入货车车型,并从驾驶员手中取回IC卡并在读写器天线上面划过。

②计算机屏幕显示轴重数据及应收通行费,收费员发现车辆称重数据与称重车辆不符。

③收费员在征得值机班长同意后,按“轴重”键,自动抓拍车辆图像,同时收费站监控室显示轴型、收费的车道、收费员信息。

④车道计算机屏幕显示,显示“轴型—轴重”列表,收费员按“输入”键,输入“0”,“0”不是“轴型—轴重”列表中的序号,自动按最低货车计算收费额,并将当前称重数据移到下一辆。

⑤收费员收取通行费后,按“放行”键。

车辆分离错误将一辆车判为两辆车并且收费员未进行人工修正,导致当前显示称重数据为上一辆车的称重数据,需要删除当前称重数据。

操作流程如下:

①收费员输入货车车型,并从驾驶员手中取回IC卡并在读写器天线上面划过。

②计算机屏幕显示轴重数据及应收通行费,收费员发现车辆称重数据与称重车辆不符。

③收费员在征得值机班长同意后,按“轴重”键,自动抓拍车辆图像,同时收费站监控室显示轴型、收费的车道、收费员信息。

④车道计算机屏幕显示,显示“轴型—轴重”列表,收费员按“更改”键,提示是否删除当前

车辆的称重数据,收费员按再次按“更改”键,则删除当前车辆的称重数据,自动按下一辆的称重数据计算收费额。

⑤收费员收取通行费后,按“放行”键。

模块四 不停车收费系统

全自动收费方式是指收取过路费的全过程均由机器完成,操作人员不需直接介入,只需对设备进行管理监督以及处理特殊事件。全自动收费方式一般指不停车收费(Electronic Toll Collection,简称 ETC)方式,它是指利用电子、计算机与通信技术,使驾驶员不需停在收费站付费,以缓解因收费而造成的交通排队现象的技术,是收费方式的发展方向。

1. 不停车收费方式的类型

不停车收费方式可分为单向式不停车收费方式和双向式不停车收费方式两类。

2. 不停车收费方式的优点

(1)车辆通过收费站时无需减速和停车,有效地提高了有限空间的利用率,并极大地提高了公路收费站的通行能力,解决了因停车收费所造成的收费站交通堵塞。

(2)不需要增加收费车道和扩建新收费站,可大大地提高车辆在收费站的通行能力。

(3)整个网络变成交通信息采集网,可快速掌握公路的车流随机信息,有利于交通部门的综合整体管理,更便于交通行政部门的疏导和管理,也可为新建公路提供科学依据。

(4)减少了驾驶员携带大量现金和财务报账的麻烦,方便了车主的出行,节省驾驶员的大量时间。同时堵住了公路收费的漏洞,防止了舞弊现象发生。

(5)能大大减少收费站的管理人员,节省大量的人力和财力,也使公路收费的管理进入现代化管理阶段。

(6)由于使用了电子标签,其存储容量大,可实现一卡多用,存储记录信息不受磁场的干扰。卡内有密码运算和双向密码鉴别的专用算法,数据安全性和保密性好,且响应速度快,环境适应性好。

(7)除了用于路桥自动收费外,还可进一步用于停车场、加油站、各种公路规费的征收、驾驶员信息提供和对车辆实施跟踪等。

(8)当多条高速公路开通形成网络后,区域联合收费势在必行。以车载电子标签作为通行卡和付款手段,将易于实现区域联合收费。

(9)容易实现拥挤收费来控制交通需求。

3. 开放式不停车收费方式的工作过程

开放式不停车收费系统分为单向式收费和双向式收费两类。

单向式收费系统的组成包括:车载电子标签、路上车辆检测器、读写器与天线、车型自动分类(AVC)仪、电视监视系统与警示系统、收费车道控制机、收费站计算机、收费中心计算机和其间的通信网络。系统利用读写器辨识车载电子标签,并测试其有效性,以此作为收费的依据,其工作流程如下:

(1)当装有电子标签的车辆经过收费车道检测器时,车辆检测器立即启动读写器,将微波信号由天线发射至车道上的车辆并启动 AVC 设备进行车型自动分类。

(2)当电子标签接收由天线发射出的微波信号后,随即将微波信号转为电子标签内部所需的电力,再将电子标签卡号由微波方式发射回读写器的天线接收。

(3)天线接收到由车载电子标签发射回的识别信号后,将信号传送到车道控制机中检验卡号是否正确。

(4)若卡号有误时,立即控制通行信号灯以红灯显示,并启动电视监控系统抓拍车辆图像及警报系统,提醒驾驶员。

(5)若卡号正确时,读写器将识别号码传输至收费站计算机系统,将本次交易时间、地点、卡号和车型存入计算机中,并查核该用户资料库。

(6)若查出该车载电子标签属于挂失,即立即控制通行信号灯显示黄灯,提醒驾驶员尽快补足金额,以免受罚。

(7)若查出车载电子标签属于低残值的情况,即立即控制通行信号灯显黄灯,提醒驾驶员须尽快补足金额,以免受罚。

(8)若查出车载电子标签属于零值的情况,则立即控制信号灯显示红灯,并启动电视监视系统抓拍车辆图像和警报系统,以提醒驾驶员。

(9)若查出该车载电子标签正常情况时,立即控制通行信号灯显示绿灯,提醒驾驶员其使用的电子标签属正常状况。

双向式系统的组成与单向式系统十分类似,包括车载电子标签与其显示器、路上车辆检测器、读写器、车型自动分类(AVC)仪、警示系统、抓拍取证系统、收费站计算机、收费中心计算机和它们之间的通信网络。双向式系统与单向式的主要差别在于双向式系统在完成收费动作后,会将交易信息写回车载电子标签内,以供确认,其工作流程如下:

(1)当装有车载电子标签的车辆经过收费车道的检测器时,车辆检测器立即启动读写器将微波信号由天线发射至车道上的车辆并启动 AVC 设备进行车型分类。

(2)当电子标签接收由天线发射的微波后,随即将所存的识别码以及相关的信息由微波方式发射加读写器的天线上。

(3)天线接收到由电子标签发射回的识别码以及相关的信息后,将其传送到车道控制机中加以检验。

(4)若识别码无效时,立即控制通行信号灯显示红灯,并启动抓拍取证系统录下车辆图像及警示系统,提醒驾驶员。

(5)若电子标签卡内所存的金额低于残值状况时,则控制天线发射微波信号按车辆类型扣除电子标签内一固定金额,致使通行信号灯显示黄灯,提醒驾驶员所用的电子标签内所存的金额已快用完。然后将本次交易资料存入收费站计算机中。

(6)若查出该电子标签属零残值时,则立即控制通行信号灯显示红灯,并启动电视监视系统抓拍车辆图像和警报系统,以提醒驾驶员。

(7)若查出该电子标签属正常时,则控制天线发射微波信号按号按车辆类型扣除电子标签内的一固定金额。

(8)电子标签在处理完金额扣除作业后,回应一认可的信号给第二接收天线,代表本次交易已完成。

(9)最后读写器将交易完成的资料传送至收费站计算机系统中。

4. 封闭式不停车收费方式工作过程

封闭式不停车收费需按车型和行驶里程收费,因而封闭式不停车收费方式一般采用双向式系统,封闭式不停车收费系统构成如图 1-4 所示,其工作过程如下:

(1)驾驶员在指定银行或电子标签发行公司发行的 IC 卡中存入一定金额,卡被写入储值数额。

(2)驾驶员出行时，将 IC 卡插入电子标签中，两者互相进行确认，并在电子标签的 LCD 上显示 IC 卡的余额。

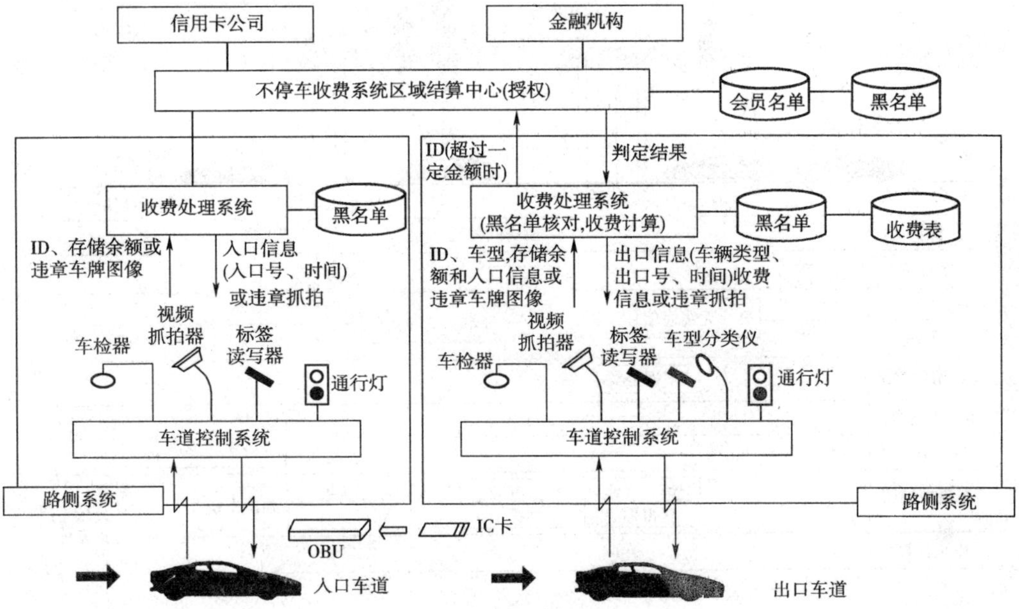

图 1-4　不停车收费系统构成简图

(3)车辆通过入口收费车道时，入口天线和电子标签通信在确认电子标签的有效性后，将入口代码和通过入口的时间写入 IC 卡中，否则根据从车辆检测器发出的车辆通过信号，对该车进行摄像。

(4)通过出口收费车道时，电子标签进入第一天线的作用范围，激活电子标签，从卡中读取入口信息，AVC 设备对车辆进行分类，将入口信息和车型信息传给车道控制器，检索有效电子标签名单，计算费额，返回给电子标签从插入的 IC 卡中收费，并在 LCD 上显示收费后 IC 卡的余额。

(5)电子标签进入第二天线的作用范围，天线从电子标签获得收费的结果信息。

(6)收费车道控制器综合第一和第二天线的信息，检索有效电子标签清单和黑名单，对未能正常收费和检索中有问题的电子标签，根据车辆检测器发出通过信号，对该车进行摄像。

(7)收费结果传送给广场通信计算机，并由它传输给收费管理中心计算机。如果是违章车，则同时传送摄像图像(压缩后)。

(8)收费管理中心根据计算机统计的收费数额向指定银行或电子标签发行公司请示支付。

(9)银行或电子标签发行公司确认支付的金额数目后，向收费道路经营公司进行支付。

(10)对违章车辆牌照号图像进行自动识别(OCR)，提取车牌号，根据出入口信息将系统自动产生的罚单邮寄给车主。

图 1-5 给出了封闭式系统不停车收费出口操作流程。

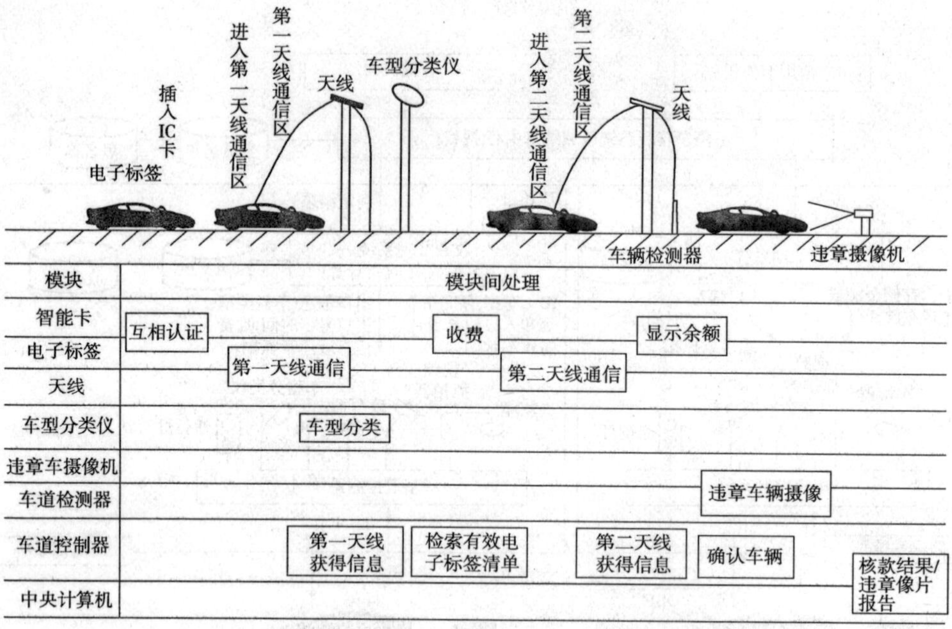

图 1-5　不停车自动收费系统出口操作流程

模块五　手持终端便携式收费设备连接方法

1. 系统简介

便携式手持收费终端是目前高速公路提高收费效率、增强通行能力的有效手段之一。整个系统包括手持终端上位机应用系统、计重信息处理单元、无线网络、手持终端机 4 个部分，可实现客车按车型收费、货车计重收费及电子支付等功能。

系统构成如图 1-6 所示，硬件包含计重信息处理单元、无线路由、手持终端三大部分；软件包括安装于收费站服务器上的上位机应用系统、手持收费终端上的下位机应用软件、计重信息处理单元应用软件。

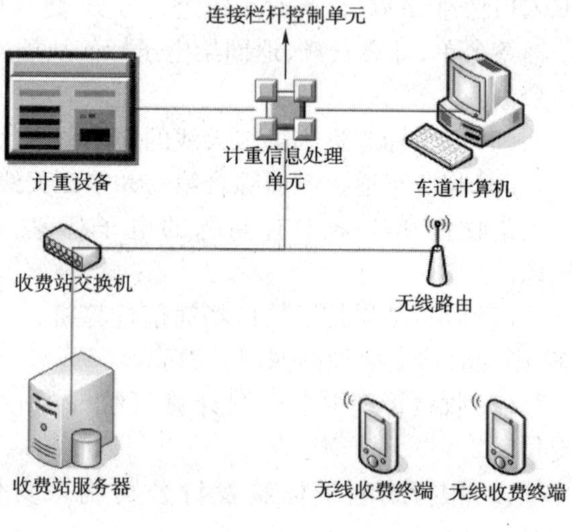

图 1-6　系统连接图

2. 硬件构成及安装说明

1）系统硬件构成（表 1-1）

2）手持终端硬件构成

手持收费终端的硬件构成包括液晶显示屏、刷卡区域、键盘、COM 接口、DC 接口、电池、打印纸仓等部分，如图 1-7、图 1-8 所示。

3）键盘说明

系统的操作通过键盘来完成，手持终端共有 18 个按键，包括 8 个功能键和 10 个数字键，如图 1-9 所示。

硬 件 构 成　　表 1-1

序号	硬件名称	描　述
1	手持终端机	包含 CPU、应用软件、电池等
2	串口连接线	RS-232 通信线
3	PSAM 卡	IC 卡认证密钥卡
4	充电器	(1)输入:100～240V AC 50/60 Hz (0.8 A); (2)输出: 8.4V DC (1.0 A)
5	电池盒	(1)智能锂电池盒; (2)1700 mAh (最小值)电池,提供 7.2 V 直流电压; (3)电池再充电时 3h 充满,1h 充到 80% 电量
6	热敏发票	(1)57 mm×38 mm; (2)内径: 10.5 mm
7	键盘防窥罩	可拆卸的键盘防窥罩
8	触屏笔	(1)触屏笔,用于触摸屏幕; (2)集成了触屏笔存放槽
9	电子卡卡仓盖	保护 SAM 卡

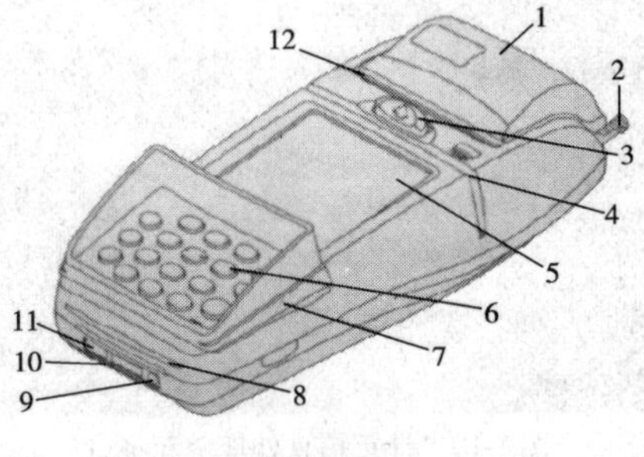

图 1-7　手持收费终端硬件构成示意图(正面)

1-打印纸仓;2-触屏笔;3-开启纸仓盖按钮;4-磁卡读写器;5-显示屏(非接触卡读卡区域;6-键盘;7-键盘防窥罩;8-IC 卡读写器;9-耳机插孔;10-数据连接口;11-电池充电器接口;12-切纸刀

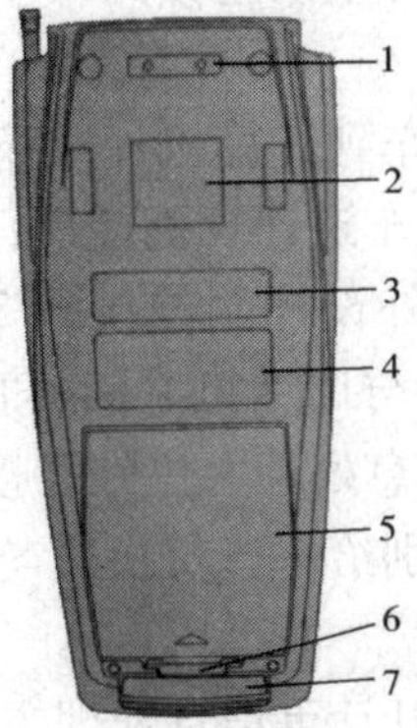

图 1-8　手持收费终端硬件构成示意图(背面)

1-橡皮防滑条;2-警示标签;3-条形码、学列好标签;4-规范标签;5-电池盒;6-电池拆卸扣;7-底座连接器

4)安装连接说明

安装步骤如下:

(1)取下电池;

(2)将 PSAM 插入手持终端 SAM1 卡座;

(3)安装电子卡卡仓盖;

(4)将电池重新放入手持终端;

(5)打开纸仓,将打印纸放入纸仓,纸卷应当从纸仓中探出 2.5 cm 长(从盖到锯齿状条纹处)。

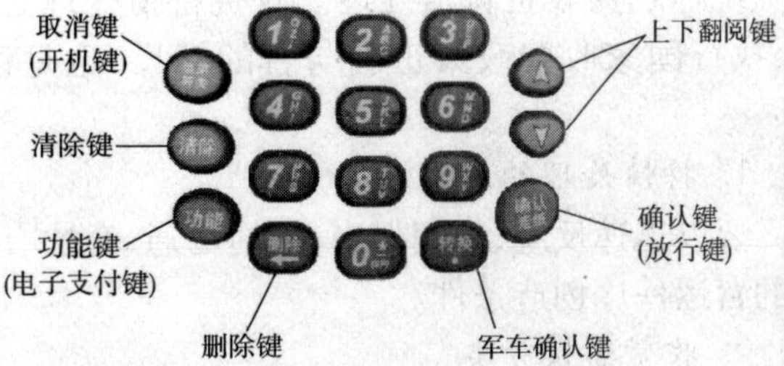

图 1-9　收费终端键盘示意图

(6)长按“菜单/开关”键,开机;

(7)关机时,请同时按下“菜单/开关”键与“功能”键;

(8)充电时,请在电池充电器接口连接上充电器,充电状态下充电器指示灯为红色,待电池充满后,指示灯变为绿色。

3. 计重信息处理单元使用说明

1)硬件构成及安装说明(表1-2)

硬件构成　　表1-2

序号	硬件名称	描述
1	计重信息处理主机	
2	外设控制连接线	用于连接栏杆控制端与环检信号端
3	RJ-45 双绞线	用于连接收费网络
4	4 口交换机	用扩展收费亭网络连接

安装步骤如下:

(1)将车到计算机原来的网线连接到4口交换机集连口;

(2)用RJ-45双绞线将车到计算机连接到4口交换机上;

(3)用RJ-45双绞线将计重信息处理主机连接到4口交换机上;

(4)将计重仪连接到计重信息处理主机计重仪接口;

(5)将车到计算机计重仪接口连接到计重信息处理主机车道计算机接口;

(6)将外设控制连接线37针接头连接在栏杆控制接口与计算机之间,再将控制线另一头连接再计重信息处理主机外设接口;

(7)分别给4口交换机与计重信息处理主机接通电源;

(8)打开计重信息处理主机电源开关。

图1-10　计重信息处理单元接口

1-工作指示灯;2-车道计算机计重仪接口;3-计重仪接口;4-外设接口(连接栏杆、环检);5-网络接口

2)接口说明(图1-10计重信息处理单元接口说明)

模块六　收费过程中特殊情况的处理

收费特情是指收费工作全过程中,通行车辆、收费设备等出现非正常情况,不能按正常通行车辆收取通行费或发放通行卡的现象,以及与收费工作有关的其他特殊事项,对此类现象的处理统称之为收费特情处理。收费特情处理是否合理、及时、有效是检验收费站管理水平高低、执行国家收费政策正确与否的标尺,也是评判收费现场工作人员收费技术水平的标准之一。

1. 特情处理的原则

要以迅速反应、处理得当、快捷畅通、合法有效、以人为本的原则进行,为保持收费公路良好的营运秩序创造条件。

2. 收费特情分类

按发生的对象可分为收费设备故障原因特情、道路使用者自身原因特情、收费员错误操作原因特情；按发生的时间可分为高峰时段特情、一般时段特情；按形成的原因可分为善意误解特情、恶意逃费特情；按进出收费站情况分可分为进口特情和出口特情等。

3. 常见收费特情

1）收费系统一般故障

发生网断、对讲设备、视频监控设备、牌照识别设备等不影响收费基本操作故障时，收费员可先进行正常收费操作，同时通知维修人员及时维修；当发生个别或部分车道计算机、计重设备、打印设备故障影响收费基本操作时，关闭该车道，开启备用车道，及时维修保持畅通，有条件的收费站可启用便携式收费设备临时替代车道计算机工作。

2）收费站车道计算机瘫痪

车道计算机系统瘫痪有进口瘫痪、出口瘫痪、进出口完全瘫痪等情况。当入口瘫痪时，可发放纸质（应急备用）通行卡或未写入入口数据的空卡，发放纸质通行卡或空卡前，收费站应及时报告联网收费中心，并向相邻路网单位通报此情况，出口收费站收到纸质通行卡或空卡时，可以按照通行卡自然损坏操作，输入入口站名和卡号（00000000）收取正常通行费，纸质通行卡或空卡按坏卡上交，入口收费站系统恢复后按规定程序上报。出口瘫痪时可人工询问入口站号，按车型费率表收费，同时收费站应增加工作人员协助整理钱款，回收通行卡，并记录相关数据。因停电、雷击、事故等特殊原因造成收费站进出口车道计算机完全瘫痪时，收费站要启动紧急预案，第一时间上报主管部门，根据情况和上级指示，在路政、交巡警部门的配合下，采取人工发卡收费、交通管制分流、免费放行、临时封闭收费站等相关措施。

3）计重收费特殊情况处理

对货车进行计重收费，符合我国公路建设、管理、养护、使用的国情，目前国内各路网公司越来越多地运用到公路收费管理工作中。

计重收费特情主要包括系统设备故障、计费重量争议等情况。

（1）前后车辆未分离。收费员要按规定上报值机室，由值机员确认后抓拍图像，操作轴重键，根据系统提示，输入当前车辆最后轴的轴序号，进行相应处理。

（2）胎型检测错误。对超限车辆而言，胎型更改往往会引起通行费费额的变化，要慎重操作和加强监管。遇到此情况，收费员要按规定上报值机室，由值机员确认后抓拍图像，操作轴重键，根据系统提示，输入错误轴型的轴序号，进行更改处理。

（3）多轴、少轴。此情况同样会引起通行费额的变化，收费员要按规定上报值机室，由值机员确认后抓拍图像，操作轴重键，根据系统提示，删除或拆分轴，进行更改处理。

（4）已缴费车辆数据未删除。收费员要按规定上报值机室，由值机员确认后，通知收费班长前来删除数据，并做好记录。

（5）待缴费车辆无计重数据。收费员要按规定上报值机室，由值机员确认后，通知收费班长前来处理，如车道流量正常可要求驾驶人员倒出车道，重新计重，如车道拥堵可按车型或最低收费标准收费放行。

（6）计费重量争议。一般情况收费员要判断是否出现上述设备故障，如设备运行正常，可耐心做好政策的解释工作；如争议强烈，要上报值机室，请收费班长到现场处理，必要时给予复称。因受动态计量衡精度的限制，要注意复称次数不宜过多，其次要按国家规定，定期做好计重设备的标准计量工作。

4）电子收费特情

以电子支付系统为依托，采用通行车辆以预付卡作为付费介质，替代现金缴纳通行费的收费方式为电子支付收费，主要有记账卡和储值卡两种，电子支付一般给予使用者一定比例的优惠。收费车道出现的特情主要有驾驶员所持储值卡内余额不足支付通行费、电子支付卡锁卡、黑名单卡等情况。

(1)电子支付卡金额不足。当驾驶人员提供的电子支付卡刷卡后显示金额不足时，收费员要告知驾驶人员，问其是否采用现金支付方式，如驾驶人员同意采用现金支付，则将电子支付卡还给驾驶人员，正常收费；如驾驶人员坚持使用电子支付，则将卡中余额扣除，不足部分要求现金支付，电子支付和现金支付分别打印发票。要注意当电子支付卡余额不足时，电子支付部分不给予优惠。

(2)电子支付卡已被锁定和黑名单卡。电子支付卡因一定原因可能在持卡人不知情的情况下被锁定。刷卡后发现此类情况，收费员要告知驾驶人员，将卡退还，并收取现金通行费；发现黑名单卡、挂失卡、伪造卡，收费员要按现金方式收费，并没收此卡或报警。

(3)收费系统因各种原因瘫痪时，应停止电子支付收费，全部采用现金收费方式。

5)出口车卡不符

出口收费中，收费员发现驾驶员所持通行卡与收费计算机显示的信息、出口匝道方向不符或有长时间超时等现象时，及时上报值机室，由值机员通知收费班长或值班站长前来处理，如确定有逃费行为按照路网处罚规定处理。安装牌照识别系统的路网收费站，若经调看入口图像，在出口车道能确认有换卡、串卡、前次卡替代本次卡、一车多卡等行为的，收费员按车道计算机显示金额或路网处罚规定处理。

6)通行卡自然损坏

收费员正确输入车型，读卡后发现无法读出信息时，收费员应使用文明用语，请驾驶人员稍候并询问入口站名，同时将卡号和入口站名上报值机室，经值机员确认此卡发出时间、入口站名与驾驶人员所述无误后，输入卡号、入口站名编码正常收费。入口发现通行卡自然损坏，收费员将卡号上报值机室，下班后将此卡上交票卡管理人员。

7)通行卡人为损坏

收费员正确输入车型，收卡后发现通行卡人为损坏，收费员应使用文明用语，请驾驶人员确认损坏情况，并询问入口站名，同时将卡号、车号和入口站名上报值机室，经值机员确认此卡发出时间、入口站名与驾驶人员所述无误后，输入卡号、入口站名编码正常收费，并收取通行卡制作成本费，发给相关票据。

8)通行卡已被使用且未回收

出口正常车收费时显示“此卡已用过”，收费员首先询问驾驶人员是否还有其他通行卡，如有按一车多卡处理，反之将卡号、车号、车型、驾驶人员自述的入口站名上报值机室，待值机室确认后，收费员按车道计算机提示依次输入车型、卡号、入口站号，进行收费操作。

入口发卡时显示“此卡已用过”，收费员将此卡卡号上报值机室，另拿一张卡重新写卡后发给驾驶人员，下班后将此卡上交票卡管理人员。

公务车辆所持公务卡在出口读卡显示“此卡已用过”时，收费员应了解行驶情况及入口时未读卡的原因，无特殊情况，应要求驾驶员出示一张正常卡，否则按正常车无卡处理。公务车辆所持公务卡在入口读卡显示“此卡已用过”时，收费员同样应了解行驶情况及出口时未读卡的原因，如有违反相关管理规定行为，可没收公务卡，交有关部门处理，同时发放正常卡，如未违反相关管理规定，可在相近的进口车道读卡后在出口车道按公务车操作，并做好记录。

9）出口车辆无卡

出口站遇到车辆无卡时应认真核实原因，若证实是入口站原因未发卡，则根据入口站到出口站的实际里程收取通行费；若因驾驶员原因车辆闯卡进入路网的，一般情况下能确认入口的可按实际里程收费，不能确认入口的可按路网全程收费，各路网有特殊处罚规定的按规定处理；若经查实入口站确实发出通行卡，驾驶员不肯出示并声称无卡的，按路网全程收取通行费，同时加收通行卡制作成本费，各路网有特殊处罚规定的按规定处理；若能证实驾驶人员确因各种原因丢失通行卡，能确认入口的可按实际里程收取通行费，不能确认入口的按路网全程收费，同时加收通行卡制作成本费。

若无卡车在规定时间找到通行卡，核实无误后，经值班站长同意后，可读卡据实收费。并收回原无卡缴费票据，退还原收款数。收费员、收费班长分别在无卡缴费票据背面说明情况，经值班站长签字，下班后上交票卡管理人员；如驾驶员所提供的通行卡经核实并非该车的原通行卡，收费员应没收该通行卡，并将情况报监控室和值班站长，由值机员通知公安等部门协助处理，查明通行卡来源。

10）免费车辆

根据《收费公路管理条例》规定，军队车辆、武警部队车辆、公安机关在辖区内收费公路上处理交通事故、执行正常巡逻任务和处置突发事件的统一标志的制式警车，以及经国务院交通主管部门批准执行抢险救灾任务的车辆，进行跨区作业的联合收割机、运输联合收割机（包括插秧机）的车辆，免交车辆通行费。同时各地地方法规也明确要求：因公路发生交通事故、刑事案件等情况需当地安监、公安、消防、卫生、环保等部门协助处理的车辆免费放行。收费站应做好相关记录。对于紧急、特殊情况（如急救危急伤员等），应立即予以放行，不得延误。

收费现场遇到上述情况车辆，一般快速查验证件，确认属实的按规定放行，并做好记录。各管理主体应赋予收费站长紧急情况下先期处置权，便于突发事件的有效和快速处理。如发现假冒军队车辆、武警部队车辆、公安机关统一标志的制式警车等上述车辆，恶意逃交车辆通行费的，按各路网相关处罚规定收费，同时移交有关部门依法处理。

11）警卫任务和车队

警卫任务是一项政治任务，公路收费站要思想上高度重视、各项准备工作充分完善。警卫任务一般通过收费站前，收费站会提前收到主管单位的通知，收费站首先要按通知要求提前安排好专用通道；其次要落实现场管理措施，配合公安等部门做好收费现场的治安管理工作；警卫任务通过后要做好信息上报和传递工作，以便下一站点工作衔接。

车队需要通过收费站时一般事先会与收费管理部门联系。收费员具体操作如下：入口操作先输入车队第一辆车车型，操作“车队”键，放行（不发卡），同时向值机室汇报通过时间、车队数量及车型；出口操作先输入车队第一辆车车型，操作“车队”键，放行（免费车辆不收费、应缴费车辆统一缴费），车队通过后，向值机室汇报通过时间、车队数量及车型。

12）车道堵塞

《收费公路管理条例》规定：收费道口的数量，应当符合车辆快速通过的要求，不得造成车辆堵塞。一般情况下，收费道口的土建数量是按国家规范，根据交通流量调查、预测、计算结果而设计的，收费站现场管理的主要任务是在现有的通行条件下，确保收费区域畅通。

通常情况每个收费站在一定时期的进出通行流量是稳定的，但当发生交通事故、恶劣天气、交通管制等突发事件时，可能会引起相关收费站车道拥堵。为此收费站应制订防拥堵工作预案。为确保收费道口畅通，主要措施如下：

(1)收费站值班站长应随时掌握车辆排队情况，特别是在高峰时段和节假日期间，要设置预警线，车辆已排队至预警线，且后续流量大时，要开足进出口车道，必要时可采用便携式收费方式收费，避免造成车道车辆堵塞现象。

(2)收费站应强化设备管理制度管理，确保设备完好率达到95% 以上，设备维护应以预防为主，防修结合，确保收费站道口正常工作。

(3)收费站要加强与公安、路政沟通协调，对扯皮、恶意堵塞车道等车辆，在公安路政的配合下，及时带离收费道口，妥善解决。要与公安交警部分协调，在恶劣天气等特殊情况下，交通管制时要先疏导分流，再关闭道口，以免造成收费站堵塞。车道拥堵时，如遇到无卡、坏卡等特情车辆，应立即报值机室，将特情车辆引导至收费广场安全区域，尽量简化处理程序。

目前部分省市规定，收费站堵车超过一定数量时，对被堵车辆免费放行，所辖地区收费站要按此规定执行。

13)收费数据错误修正

收费员班次、工号输入错误未及时发现，进行收费操作，造成班报表、日报表统计错误，或车道计算机工作中出现故障导致数据丢失等情况，收费站要在规定的授权时间内，由值班站长确认，上报联网收费中心要求授权更改数据。各种情况加收款(退款)录入错误要及时在收费站值机室进行数据维护或上报联网收费中心要求授权维护。数据维护一定要注意授权的时效性和严肃性，一旦联网收费中心拆账报表生成，原则上各路网收费站不得再更改数据。

综上所述，收费特情处理要求如下：一要注意维护收费政策的严肃性；二要注意保持收费标准的一致性；三要注意处理过程的便捷和快速；四要注意保持收费现场的畅通和有序；五要按以人为本的原则，最大限度地降低收缴矛盾，将和谐社会的建设具体化。收费站收费现场情况是千变万化的，各地方政府的相关法规和各路网的管理办法也会因政治、文化、经济的差别原因，其所涉及的侧重点各不相同。收费特情处理本身就是一个实践性极强的工作，因此只有结合各自的具体情况，制定符合实际情况的特情管理办法，并在实践中不断总结经验，坚持持续改进，才能真正意义上处理好收费特情工作。

模块七 收费站安全管理工作

1. 安全管理工作内容

1)制订安全目标

安全目标是实现安全生产的总要求，是实现安全生产的行动指南。安全目标对职工的行动具有激励和推动作用。切合实际的目标能激发和调动职工的积极性和创造性。目标就是方向，各征收单位要根据自己所处的环境、工作性质和特点以及人员构成等实际情况，制订安全生产目标，并配上相应的安全措施，使之成为全站干部职工自觉行动的指南。

2)落实安全生产责任制

安全生产责任制，是指企业各级领导、职能部门，有关工程技术人员和各岗位上的作业人员，在生产上应负某种安全责任的一种制度。管生产必须同时管安全。一些地方采取逐级签订安全生产责任书的形式，使安全工作得到较好的开展。

3)搞好安全教育

结合本行业特点开展安全教育，是搞好征费工作的重要环节。通过安全教育，能使职工增强安全观念，掌握安全生产的规律，提高执行安全措施的自觉性，学会预防事故的本领，为搞好文明征费创造良好条件。

安全教育的内容一般有：

(1)安全生产方针、政策教育。使职工认识到安全具有群体性和很强的政治性，而且与个人前途、家庭幸福、单位的建设等都是息息相关的。

(2)纪律教育(包括劳动纪律、安全纪律、组织纪律、生活纪律等)。使职工认识到安全无处不在，无事不包，安全必须从自己做起，切实提高执行安全措施的自觉性。

(3)事故案例教育。它可以使职工从事故中看到危害，更好地吸取教训，引以为戒，避免重复事故的发生。

(4)法制教育。使职工增强法制观念，认识到违纪导致事故是要受到追究的。

(5)安全知识教育。使作业人员认识和掌握本单位使用的汽车、设备和各种器械的性能、特点以及安全装置、防护设施的性能作用和维护保养方法，使各种设备具备良好的技术状态。

4)做好安全检查工作

安全检查是安全管理的重要内容，是贯彻党的安全生产方针、政策、法律的重要手段，也是揭示和消除事故隐患，交流经验，促进安全生产的有效措施。

收费站房和广场上的安全设施应是检查的重点。这里每天有几千以至几万辆车通过，所以，其安全设施必须随时保持完好，如有损坏，必须及时维修和更换。

发电机组、用电设备、线路、油库、车辆和其他设备以及防火、防警、防毒(包括职工家庭的煤气设备)都是安全检查的重点。

安全检查可分为：

(1)岗前安全检查。即各类作业人员上岗前对作业范围设施进行检查，如收费人员要检查站房和广场的护栏、指示灯和各种标志是否完好；征稽人员检查收费人员是否串岗、睡岗、漏岗，是否按规定着装；驾驶员检查车辆的技术状况；发电人员检查发电机组的运行状况，用电设备是否漏电、串电等。

(2)季节性安全检查。根据季节特点，检查防火、防爆、防雷击、防触电、防台风、防暑等安全措施是否落实。

(3)节日前后安全检查。检查值班人员是否落实，作业人员是否纪律松懈，重点部位的防盗防火措施是否落实。

(4)定期检查。主要是结合工作总结，进行半年和年终检查。通过检查，促使安全工作全面落实。

检查是一种手段，整改、排除隐患，实现安全和文明收费才是目的。因此，在检查中，要特别注意安全上的薄弱环节和关键问题，一旦发现，要进行治理，认真解决。

5)加强设备的维护和保养

设备是企业生产的物质基础，是完成任务的重要手段。设备运行正常、性能完好、机件无损、机件整洁、零附件齐全好用，是安全生产完成任务的最基本条件。

征收部门除汽车和发电设备外，不少已配上电脑设备。电脑设备必须按专业的要求认真使用和养护。汽车和发电机组的养护，人们已在长期的实践中总结出很多行之有效的经验，如“四不准超”(即不准超温、不准超压、不准超速、不准超负荷运行)、“三勤一定”(即勤检查、勤擦扫、勤保养、定时准确记录)和“十字作业法”(即清洁、润滑、紧固、调整、防腐)和“四懂三会”(即懂设备结构、懂设备原理、懂设备性能、懂设备用途；会操作使用、会维护保养、会排除故障)等，这些经验都值得我们学习并运用到实践中去。

2. 防火安全

1)燃烧条件

发生燃烧必须同时具备下列三个条件：

(1)可燃物质。指凡是能与氧气或其他氧化剂起迅速、剧烈的化学反应的物质。

(2)助燃物质。凡能帮助和支持可燃物质燃烧的物质，一般为空气或氧气。

(3)着火源。凡能把可燃物质的一部分或全部加热到发生燃烧所需的温度和热量的能源。着火源通常有明火、电火花、冲击摩擦、高温表面、自然发热、绝缘压缩、静电火花和光热射线等。

2)防火灭火原理及方法

根据上述燃烧条件，防火灭火的最根本措施就是设法消除燃烧所必需的三个条件中的一个，使之不同时具备，其主要方法有：

(1)控制可燃物质的存在。

(2)隔绝空气，除掉氧气、氯酸钾、高锰酸钾等氧化剂。

(3)消除可能的着火源，具体方法是冷却法、隔离法、窒息法和中断氧气法。

3. 防盗抢

盗抢是经常发生的。犯罪分子的盗抢目标多数是金融、机场或财款较多的单位，如收费站等。为防盗抢，收费员应该做到以下几点：

(1)牢记报警电话110。

(2)上下班应列队，手持已上锁的票款箱。

(3)进入票房后应做到：

①在里面锁紧大门；

②检查报警装置是否良好；

③检查对外售票窗门开关是否灵活可靠；

④检查电气设备(电脑、照明灯等)是否正常，并办理交接班手续；

⑤下班后立即将票、款清点上缴，票款箱应上锁及用封条封好后集中保管。

课题三　结交票款

模块一　联网收费系统知识

1. 系统综述

联网收费系统建设的目标是严格按照车辆类别和行驶里程收费，防止作弊、逃费等现象，实现分区联网收费、入口发券、出口收费，并按照路段的不同进行准确的收费与拆账。通过加强收费系统的监督管理，减少投资、降低成本、提高通行能力和服务水平，树立良好的高速公路服务形象，最大程度地提高高速公路网的经济效益和社会效益。收费中心对本网的高速公路收费进行管理，并提供完整的收费中心系统，包括系统设计、安装调试。

收费中心统一管理联网收费的计划、策略、方法和收费标准(包括车型分类标准、费率、免费标准)，接收、存储、备份、汇总并分析三个区域拆账中心上传的收费管理统计数据及各路管理处(公司)收费中心的收费数据信息。统一全省联网收费的系统时间，分配并管理IP地址、DNS域名等。按照统一的管理制度和规定，实现票据管理规范化，完善通行费票据领发、核销等基础的管理工作，防止票款流失。依靠计算机技术，实现票据管理的现代化，包括票据数据的录入、存储、备份、查询、统计等。对外发布交通监控系统、收费系统的服务信息。

2. 总体方案设计原则

联网收费系统工程根据开放性、实用性、高可靠性等特点，设计方案力求使系统硬件及软件平台能够最大限度满足用户不断增长和变化的业务需求，同时也使用户在最大限度保护其投资的前提下能够不断利用新技术、新产品。

保障性能和高可靠性是主机系统的首要任务，根据用户对数据量和系统性能扩充的要求以及高可靠性的备份需要，着重考虑以下两点：

(1)系统的高度灵活性。充分考虑到用户数据的不断增长及不可预测性，必须使系统配置具有高度扩充能力的服务器系统。

①应采用支持多 CPU 的 SMP 对称多处理结构、大容量内存、大 I/O 吞吐能力的多 I/O 通道的主机系统。除此之外，在内存、CPU 速度、I/O 能力三方面都具有优异的扩充能力。

②应采用具有节点扩充能力的 CLUSTER 企业群集结构，根据业务情况，在单节点性能扩充到一定限度时。可扩充群集中的节点数量，其优点是：

a. 保护用户投资；

b. 整个系统性能的提高远大于单个节点性能的提高；

c. 扩充节点时无须对应用软件做任何修改。

(2)系统的高度可用性。在考虑提高系统性能、保证系统的灵活性时，还必须保证系统的可靠和数据的安全。为此必须采用多种先进可靠的软硬件技术，在产品本身的质量之外，提供进一步的安全保障。

①用群集技术保证系统的连续不间断运行。无论是节点故障，还是事先有计划的软硬件升级，都不会造成关键业务的中断。

②应对操作系统、系统引导区、系统软件等利用镜像技术来进一步保证系统的安全可靠。

③对用户数据，必须用高可靠度的海量存储设备，采用高性能及高可靠的镜像技术保证其安全可靠；另外，任一台主机与海量储存设备之间都有两路通道互联，确保不存在单点故障。

④在系统设备与设备、设备与网络之间的连接上均采用双通道、双链路冗余配置，保证系统不存在单点故障。

如某省收费系统解决方案中，使用了 C/S 与 B/S 混合软件体系结构的方式，其结构如图 1-11 所示。

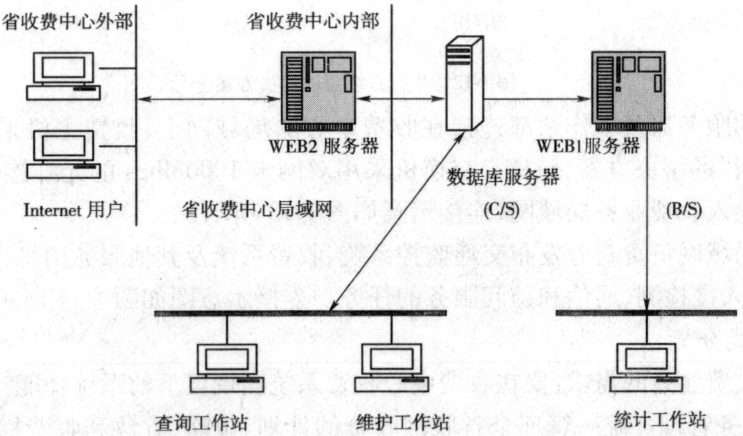

图 1-11　C/S 与 B/S 混合软件体系结构

收费中心内部用户通过区域网直接访问数据库服务器，外部用户（包括普通 Internet 用户）通过 Internet 访问 Web 服务器，再通过 Web 服务器访问数据库服务器。该解决方案把 B/S 和 C/S 这两种软件体系结构进行了有机的结合，扬长避短，有效地发挥了各自的优势。同时，因外部用户只需一台接入 Internet 的计算机，就可以通过 Internet 查询交通信息，无需做太大的投入，这样就方便了各外部职员了解各高速公路的运行情况。

C/S 与 B/S 混合软件体系结构的优点是 B/S 部分的外部用户不直接访问数据库服务器，能保证企业数据库的相对安全。C/S 部分的企业内部用户交互性较强，数据查询和修改的响应速度较快。

软件体系整体软件结构如图 1-12 所示。

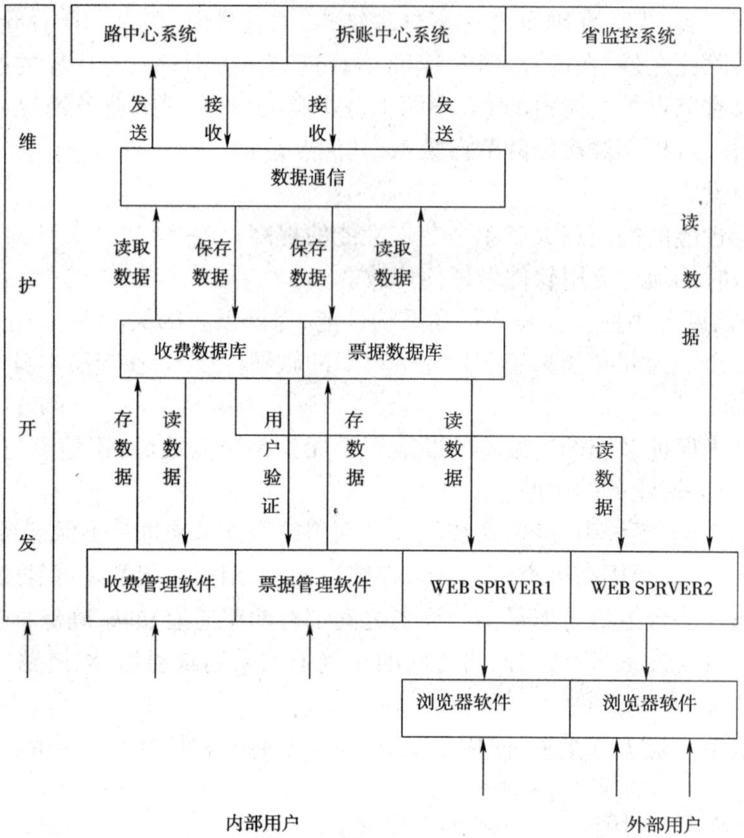

图 1-12　主机系统总体连接方案

收费系统的服务器及工作站都连接在收费中心的局域网上，收费主机采用“双机集群 + 大容量磁盘阵列”的解决方案，与核心交换机采用双网卡 1000Mbps 的光纤连接。票据管理服务器和工作站连入收费业务局域网，连接示意如图 1-13 所示。

对外服务局域网负责对外发布交通监控系统、收费系统及其他服务信息，同时担负着整个网络的防病毒、入侵检测、通信和访问服务的任务。连接示意图如图 1-14 所示。

3. 业务功能分析

根据联网收费业务的需求，要在收费中心收费系统实现以下的系统功能：

（1）收费业务管理。统一管理全省联网收费的计划、策略、方法和收费标准（包括车型分类标准、费率、免费标准）、接收、存储、备份、汇总并分析三个区域拆账中心上传的收费管理统计数据及各路管理处(公司)收费中心的收费数据信息。统一全省联网收费的系统时间、分配并管理 IP 地址、DNS 域名等。如图 1-15 所示。

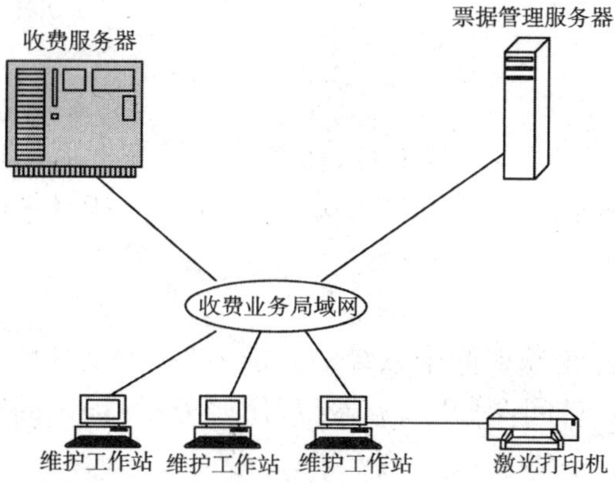

图 1-13　收费系统主机及工作站外连接示意图

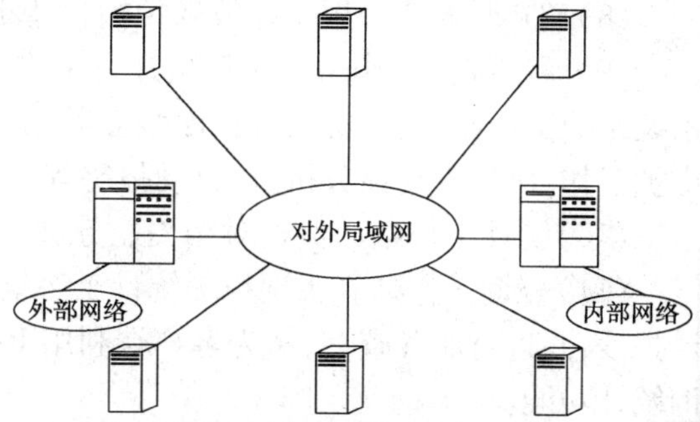

图 1-14　对外服务局域示意图

(2)票据业务管理。按照统一的管理制度和规定,实现票据管理规范化,完善通行费票据领发、核销等基础管理工作、防止票款流失。依靠计算机技术、实现票据管理的现代化、包括票据数据的录入、存储与备份、查询、统计等,票据业务由省中心派专人管理,各路中心也相应派专人负责票据的领入、发放、保管等业务。实行统一的票据印制,做到年计划、月领用。如图 1-16 所示。

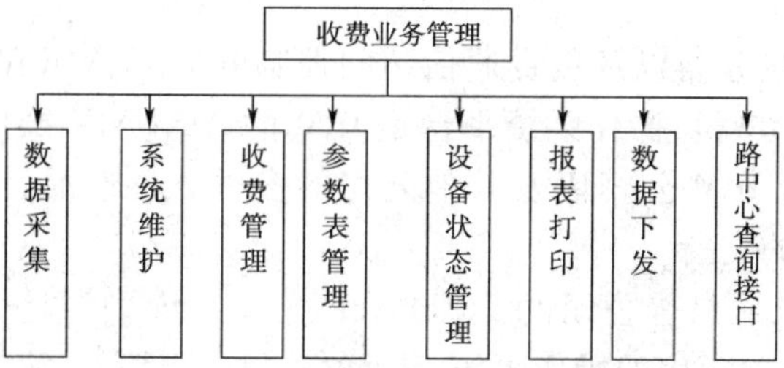

图 1-15　收费中心收费系统

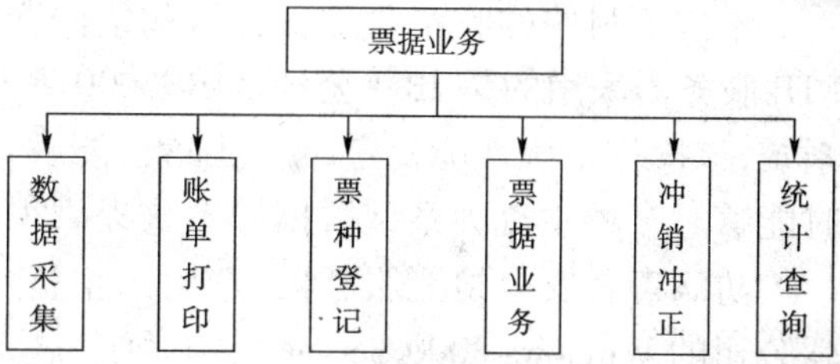

图 1-16　票据业务管理系统

(3)对外服务管理。对外服务是省信息管理中心对外服务、联系的窗口。一方面要与省监控系统、拆账银行进行信息传输,同时还要通过互联网向社会发布有关交通和收费的信息。如图 1-17 所示。

根据收费系统的功能分析,省收费中心主机系统硬件包括 9 台服务器、3 台工作站、1 台打印机、2 个磁带机、1 台笔记本电脑、1 个数码相机、2 个UPS 电源。下面分别说明其功能:

(1)收费业务服务器。负责全省收费业务的汇总和管理,同时由该服务器下发系统统一的时间、费率表、车型分类表、黑名单等管理信息。

(2)票据管理服务器。主要完成票据的购买、发放、库存等工作。

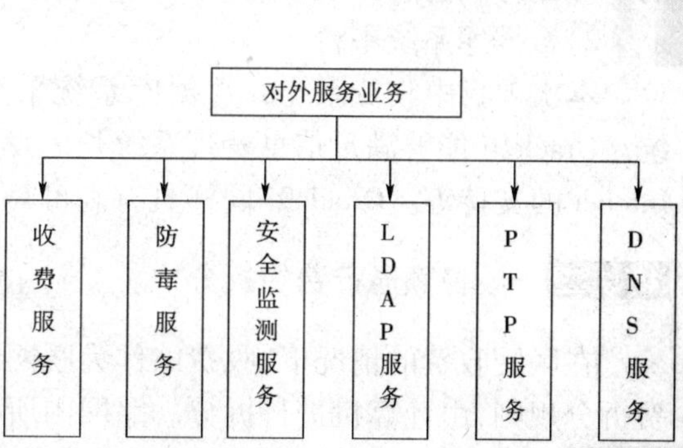

图 1-17　对外服务业务

(3)防毒服务器。对服务器端、客户端、群件、Internet 进行查毒和杀毒。

(4)安全检测服务器。用于建立安全漏洞扫描,探查网络薄弱环节,同时进行入侵检测,禁止非法访问者进入内部网络。

(5)通信及访问控制服务器。用于通信管理及访问控制。

(6)DNS 服务器。用于整个网络的域名解析。

(7)WWW 服务器。用于对外发布 WEB 信息。

(8)FTP 服务器。用于存放和传输一些重要文件。

(9)系统维护工作站。在系统开发工作中用作开发和测试平台,在系统开发完毕后用作系统维护工作站,通过访问数据库服务器,实现应用系统管理日志的功能,并完成一些日常的维护工作,比如自动任务执行、自动报警等。

(10)统计工作站。负责对相关业务进行统计。

(11)查询工作站。实现报表统计子系统和综合业务查询子系统的功能,自动生成各种统计报表,并进行业务查询,作为客户端利用 B/S 方式访问 WEB 服务器(应用服务器)提供的查询统计功能。

(12)打印机。用于报表的打印以及一些实时信息的打印。

(13)磁带机。用于数据备份和系统灾难恢复(内置于服务器中)。

(14)笔记本电脑。用于信息管理中心日常管理使用。

(15)数码相机。用于收费业务稽查等。

(16)UPS。提供可靠的电源供应。

4. 软件平台

1)操作系统平台

本次项目中的收费业务服务器和票据管理服务器以及负责通信访问控制的 DNS、WWW、FTP 服务器采用的是 IBM 公司的 RS6000 系列小型机,操作系统平台是 IBM 的 AIXUNIX 操作系统,该操作系统性能稳定,功能强大,能够运行 IBM 公司以及其他公司的多种软件产品,同时能够对多种主流关系型数据库系统提供很好的支持。

防病毒及安全检测服务器,选用的主机系统是惠普公司的 PC Server,操作系统平台是微软公司的 Windows 2000 Server 操作系统,这是一种通用的操作系统,界面友好,功能强大,能够对各种基于 MS 系统平台的软件提供很好的支持。

其他的工作站,如系统维护工作站,统计工作站、信息查询工作站等,都是采用 Intel 架构的 PC 工作站,操作系统都选择比较成熟稳定的 Windows 2000 Professional 操作系统。

2)数据库系统平台

本次项目中收费系统的数据库系统采用的是美国 Oracle 公司成熟的 Oracle9i 数据库系统。Oracle9i 能够满足信息管理系统长远发展的技术要求,包括对数据分析、决策支持以及对 Intenet 的支持等。Oracle9i 同样具有高可靠性、高可用性和高扩展性。

模块二　收费额通行费的拆分

在联网收费的情况下,收费站作为联网收费的一个节点,每日的通行收费额要按联网通行费拆分规则,由计算机进行拆分。路网内所有收费站的拆分结果,经路网中心汇总、校核后,构成了该路网的初次拆分结果,一般情况下即为最终拆分结果,特殊情况时,按一定规则进行二次拆分。

1. 通行费拆分的意义

通行费拆分是联网收费的基础工作,是通行费收入清算划拨的前提条件,涉及到路网内各经营主体的利益，该项工作能否正常进行，直接影响到联网收费的实施。

2. 通行费拆分的要求

(1)明确计算依据。封闭式联网收费通行费计算依据是车型划分、车辆行驶路径和各路段针对不同类别车辆确定的收费标准，要解决对每一通行车辆如何计算通行费的问题。

(2)公平合理的规则。通行费拆分规则要与路网内各路段通行车辆实际行驶路径状况相符合，准确合理地反映各经营主体单位的实际应得利益，要解决将通行费收入如何拆分给网内路段公司的问题。

(3)统一结算模式。实施有效的数据采集、账户清算、资金存缴、资金划拨管理，保障结算工作属于受控状态。

3. 通行费拆分的一般原则

(1)联网收费。按照国家总体规划和要求，实行省或区域路网的统一管理。

(2)分路计价。车辆行驶的总里程等于车辆通过各路段里程(含枢纽、匝道)之和，按各路段收费标准计算通行费额，关键问题是路径确认问题。

(3)逐车分配。按统一的通行费计算方法，对通过的每一车辆收取通行费，并实时进行拆分给车辆经过的各路段。

(4)一次缴费。进入路网的车辆，不管行驶多少路段，只进行一次缴费，由出口收费站按行驶里程和费率收取路网通行费。

(5)每班结算。收费站对每班的通行费收入进行拆分、核对与确认。

(6)当日交割。车辆通行费实行收费站直接上缴的办法。各收费站将收取的通行费向指定的银行解缴，并向银行提供收费站通行费拆账最终结果日报表，银行据此在规定的时间内进行划款。

收费站通行费拆账最终结果日报表见表1-3所列。

收费站通行费拆账最终结果日报表 表1-3

收费站： 值机员： 统计日期： 单位：元

业主编码	业主名称	合 计
合 计		

4. 通行费拆分的分类方法

按计算方法分为精确拆分和不精确拆分；按通行费收入形式分为现金拆分和电子支付拆分；按拆分规则分为一次拆分和二次拆分。

5. 车辆现金通行费拆账

(1)车辆通行费拆账的依据为：联网收费中心提供的联网收费拆账日报表及银行解款回单。车辆通行费拆账按收费主体进行分配。

(2)可精确拆分是指正常缴费车辆缴费金额在车道计算机上进行的拆分。

(3)不可精确拆分的通行费是指非正常车辆缴费(欠费)金额，一般有无卡、U型、换卡、欠费抵押等特殊情况。结算原则是由站级值机员手工录入，计算机按该收费站当日各收费主体通行费收入占总收入比例进行当日分配。

(4)管理办法。各路段公司负责对所属收费站收取的通行费全额、准确、及时汇缴至本单位结算专用账户。收费站在解款时向银行递交的解款单上应详细注明所解款项对应的日期。

解交办法由各路段公司根据本单位的具体情况制定。各路段公司应做好与委托银行的相关工作。

各路段公司应委托银行在次日规定时间前按车辆通行费收入日报表进行拆账，并汇入各路段公司账户。若不能按时汇入账户，相关路段公司的利息损失由该收路段公司承担。联网收费中心每日将核对无误的车辆通行费日折账报表传真至各路段公司。

各路段公司根据路网车辆通行费日拆账报表对所属收费站汇缴的通行费收入与结算专用账户中的资金额核对，当天核对无误后于第二天银行结束营业时间之前无条件的将代收其他单位的通行费划拔至相关路段公司指定的银行账户。划出单位负责委托银行在收到拆账指令24小时内将款项划至收款单位。

6. 电子支付通行费拆账

(1)电子支付的概念。以电子支付系统为依托，采用通行车辆以预付卡作为付费介质，替代现金缴纳通行费的收费方式。电子支付系统由联网收费公司、网内各路段公司、收费站、收费车道四级计算机系统构成，并通过联网收费公司与银行系统相连接。

(2)拆分原则。与现金支付一样，电子支付拆分同样存在可精确拆分部分和不可精确拆分部分，只是不可精确拆分的结算原则不同，为由联网公司每日对收费站电子支付不可精确拆分部分进行汇总，每月按网内各路段公司电子支付通行费比例进行拆分。

(3)管理要求。电子支付通行费拆分结算由联网公司负责，联网收费公司在银行开设收费专户，根据核对无误的拆账汇总表将资金定期划入各路段指定的收费账户。

各收费站在次日将预付卡的日拆账数据自动上传至联网收费中心，各路段公司以电子支付储值卡实际折账汇总表、电予支付记账卡实际拆账汇总表作为收入依据。

联网收费中心及时将预付卡的原始记录重新拆分，并与收费站进行校验、核对，定期将储值卡通行费收入拆分、汇总，将汇总表传真到各路段公司，记账卡按记账单位所签署协议规定的结算周期定期结算，到账后由联网收费中心及时折分、汇总，再将汇总表传真到各路网公司。

电子支付系统中不可精确拆分部分由联网收费中心每日对收费站电子支付不可精确拆分部分进行汇总，按月拆分。

各路段公司财务部门在收到电子支付收费拆账汇总表后，及时与银行核对无误，凭该表作收入依据。

7. 车辆行驶路径确认

在一个封闭的路网内，一般情况车辆行驶路径可按照车辆入口地址和出口地址判断，但由于路网的完善发展，车辆通过同样的入口和出口，其所经过的行驶线路会出现两种和两种以上，所行驶的距离也可能不同，在这种情况下，就要确定路径确认的方法，这是联网收费拆分的核心问题。

目前车辆行驶路径确认的方法主要有最短路径法、调查统计法和路径标识站法。最短路径法是以里程最短的线路作为车辆行驶线路。优点是操作简单，一般情况下符合车辆行驶节约时间和燃料的习惯，缺点是当路网交通条件发生变化或交通管制时，不能客观反映车辆实际行驶路线。调查统计法是以统计学理论为基础，收集基础资料，根据路网情况建立数学模型，进行分析研究车辆行驶线路规律的方法，优点是能与实际情况基本符合，缺点是统计周期长、投入的人力物力较多，当路网情况变化较快时，往往难以随变化而变化。设置标识站法是在路网的关键节点设置主线标识站，对通过的车辆进行路径标识，从而精确辨识车辆的行驶路径，优点是识别精确，缺点是影响车辆通行的顺畅。各路网应该根据各自的实际情况选择确认车辆行驶路径的方法。

8. 费率表编制

为完成联网收费计算，收费结算中心应针对公路网各不同路段经审查批准的收费标准，统一制定通行费费率表。费率表需下达到路网内每个收费站的每个出口车道收费系统上。

在制定费率表时，根据各个路段收费标准，按照不同的车辆类别，通过计算，最终确定路网内每一个入口收费站与出口收费站之间应收取的通行费。对于入口收费站与出口收费站之间有竞争性路径的情况，可分别根据各种路径情况确定各自的通行费数额。

费率表对联网收费是十分关键的，各业主的利益分配实质上要体现在费率表中，优惠政策、路段最少通行费的收取，大型枢纽互通间各业主利益分配都将体现在这一表中，因此，制定费率表是十分复杂和政策性强的工作，必须引起各业主的注意。

模块三 票卡发放回收统计

1. 通行费票卡的含义

通行费票卡是通行费征收部门核发给缴纳通行费的单位和个人的可作为通行凭证和报销凭证的一种有价票卡。

通行费票卡的发放回收统计工作是通行费征收单位最重要的基础工作之一。也是对通行费征收业务进行管理和监督的重要环节，对完成国家下达的通行费征收计划，更多的筹集交通建设资金具有十分重要的意义。

2. 票卡发放回收统计的意义

(1)通过通行费票卡使用情况，可以及时、准确地反映通行费征收计划的执行和完成情况，为制订、调整征收管理措施提供可靠的依据。一切通行费收入的取得都是以发放通行费票据来实现的，通行费征收单位的日常工作就是收取通行费。工作完成情况的考核指标就是每天使用的通行费票据数量，以此来确定当日通行费收入。通过通行卡的使用情况，可以分析车辆流量情况的变动原因，制订相应的管理措施。

(2)通行费票卡管理，可以加强经济管理上的责任制，明确有关部门和经办人员的经济责任。通行费征收工作和业务流程是收费人员向过往车辆发放票卡，并收取通行费。每个收费人员手中都持有通行费票卡和现金收入，因此必须制订相应的岗位责任制，明确票卡管理人员、财务人员、收费人员的工作职责，促进经办部门人员加强责任感，使其严格按照有关规定办事。如果发现问题，也可根据通行费票卡查清责任；同时通过对票卡使用情况的检查还可以及时发现征收工作的薄弱环节和漏洞，从而总结经验教训，采取措施，改进工作。

(3)通过通行费票卡管理，可以保证通行费收入的安全完整，维护国家财经纪律和法律法规的严肃性。任何单位和个人都不得违反征收政策，私自侵占、挪用和贪污通行费收入。通过对通行费票卡使用及回收数量的统计，可以检查通行费征收工作是否执行了财经纪律以及有关法令和制度，是否全额征收了通行费，有无侵占、挪用和贪污等行为，从而防止违法乱纪、损害公共利益的行为发生。

3. 票卡发放处理方法

1)票卡发放方法

(1)打印发票的发放。打印发票按人发放，发放时由票据员填制《打印票据领用单》，双方查核所发(领)打印票的份数和起止号无误后，共同签字完成发放手续，发放量一次一般以够收费员使用2~3天为宜。

(2)定额发票的发放。定额发票只发给收费班长。发放时由票据员填制《定额票据领用单》,并在定额发票上加盖站名章,双方查核份数和起止号无误后,共同签字完成发放手续。

(3)通行卡的发放。通行卡按人发放。发放时由票据员填制《通行卡领用单》,双方查核所发(领)数量无误后,共同签字完成发放手续,发放量一般以够收费员使用一个班次为宜。

2)票卡发放原则

(1)发放票卡时必须认真对票卡的名称、数量、序号、金额逐项进行核对,确认无误后领票卡人与发放人必须签字记录。发放时应按序号从小到大,不得跳号发放。

(2)票据会计要建立健全票据、卡账目。对每个收费员要分别建立明细账,并做到日清月结;特别要做好与现金会计的核账工作,每次结算要有登记,发现问题要及时查找,并向领导报告。

(3)收费员领取票据、卡后,必须存入工作箱(包)存入保险柜,妥善保管。相互之间不得擅自借、调票卡。遇有特殊情况要报告班长,视情况处理。

4. 票卡回收

1)票卡回收方法

(1)票据回收发放。收费人员在当班收费工作结束后,必须实事求是地填写征费缴款单(票据核销单)。写清使用票据序号,清点通行费收入,查验票、款,核对无误后到会计部门报收入账。票据员拿到收费员填制的缴款票据核销单,审核无误(可视情与上次核销内容、剩余打印票、电脑打印报表及废票等特殊情况核对)签字后返回收费员收据联。

(2)通行卡的回收。实行每班回收制。票据员拿到收费员填制的《通行卡回收单》,审核无误(根据电脑报表统计数及特殊情况,确认通行卡回收张数的正确性,并清点回收通行卡)签字后,视为通行卡的回收。

(3)通行卡的核销。实行每班核销制。票据员拿到收费员填制的《通行卡核销单》,审核无误(根据领用数,电脑报表统计数及特殊情况,确认发出张数的正确性;清点剩余的通行卡并回收)签字后,视为通行卡的核销。

2)票卡保管原则

(1)票卡的保管必须做到"三专"和"六防"。"三专"即专人、专房、专柜管理;"六防"即防火、防盗、防霉、防鼠、防蛀、防丢失。并建立相应的岗位责任制,加强管理,配备必要的保管工具。

(2)票据员要每月定期对库存票据进行检查。不定期对个人手中保管的票据进行抽检,并与相关台账核对,确保票据的完好性、正确性。

(3)票据使用或保管的相关责任人变动时,必须办理有关交接手续。因保管不善,造成票据损坏或遗失时,一律照价赔偿。

5. 票卡统计报表

票卡统计报表作为跟踪收费工作中有价证券、通行卡、现金的全过程的手段,用以达到相互制约、相互监督、机制运转正常的目的,下面介绍几种常见的报表格式。

1)票据领用单(表1-4)

2)票据核销单(表1-5)

3)票据核销汇总表(表1-6)

票据领用单

表1-4

领用单位： 年 月 日

序号	票据名称		单位	请领时结存数	请领数	核发数			
						起号	止号	数量	金额(定额发票)
1	定额发票	1元	本						
		3元							
		5元							
		10元							
		15元							
		20元							
		25元							
		30元							
		40元							
		50元							
		80元							
		100元							
		特种30元							
		加收5元							
		加收10元							
		加收50元							
2	打印发票		份						
3	月票(　　月)		本						
	月票(　　月)								
	月票(　　月)								

发放人(签字)： 领用人(签字)：

填制说明：①票据员填制，票据员、领用人核对确认无误后签字；

②一式三联，第一联发放人备存，第二联发放方记账，第三联领用方计账留存。

票据核销单

表1-5

班次： 道口： 年 月 日

序号	票据名称		上期结存份数	本期领入份数	本期使用数				本期结存份数
					起号	止号	份数	金额	
1	定额发票	5元							
		10元							
		20元							
		50元							
		100元							
2	打印发票								
备注	上交多余款　元　角；　欠费　元　角；　加收　元　角； 月票　元　角；弃票款　元　角								
合计	拾万　万　仟　佰　拾　元　角整　¥								

收款(签字)： 票据(签字)： 制表(签字)：

填制说明：①使用人填制，票证会计、现金会计核对确认无误后签字；

②一式三联，第一联票证记账，第二联现金记账，第三联存根。

票据核销汇总表

表 1-6

（早、中、夜）：　　　　收费站（点）　　　　年　　月　　日

序号	票据名称		上期结存份数	本期领入份数	本期使用数		本期结存份数
					份数	金额	
1	定额发票	1 元					
		3 元					
		5 元					
		10 元					
		15 元					
		20 元					
		25 元					
		30 元					
		40 元					
		50 元					
		80 元					
		100 元					
		特种 30 元					
		加收 5 元					
		加收 10 元					
		加收 50 元					
2	打印发票						
3	月票（　　月）						
	月票（　　月）						
	月票（　　月）						
备注	上交多余款　　元　　角；　欠费　　元　　角；　加收　　元　　角； 月票　　元　　角；弃票款　　元　　角						
合计	拾万　　万　　仟　　佰　　拾　　元　　角整　　¥						

收款（签字）：　　　　票据（签字）：　　　　制表（签字）：

填制说明：①由使用单位会计汇总每日班（点）核销单时填制；

②一式三联，第一联票据记账，第二联现金记账，第三联留存。

4）通行卡领用单（表 1-7）

通 行 卡 领 用 单

表 1-7

年　　月　　日

领到通行卡______________张（大写）	
票据员：	领用人：

填制说明：①由票据员填制，票据员、领用人核对确认无误后签字；

②一式三联，第一联留存，第二联票据员记账，第三联领用人备存。

5）通行卡回收单（表1-8）

通 行 卡 回 收 单

表1-8

年　　月　　日

上交通行卡＿＿＿＿＿＿＿张（大写） 其中坏卡＿＿＿＿＿＿＿＿张（大写）
票据员：　　　　　　　　　　　　　　　　上交人：

填制说明：①由收费员填制，票据员、收费员核对确认无误后签字；

②一式三联，第一联留存，第二联票据员记账，第三联会计计账。

6）通行卡核销单（表1-9）

通 行 卡 核 销 单

表1-9

班　　　　　　　　车道　　　　　　　　年　　月　　日

核销				备注
领用	使用	上交	坏卡	
票据员：			收费员：	

填制说明：①由收费员填制，票据员、收费员核对确认无误后签字；

②一式三联，第一联留存，第二联票据员记账，第三联会计计账。

课题四　设备维护与保养

模块一　平台软件使用知识

1. 平台软件的定义

所谓的平台通常分为软件平台和硬件平台，平台一般是针对一个系统来讲。

软件平台就是系统所使用的软件操作系统，它是控制整个系统的中心，主要包括任务（进程）调度、CPU 和内存资源管理、设备驱动等等，比如在嵌入式领域有 Wince、Linux 等。

硬件平台与系统实现的功能关系密切，在现在的嵌入式领域有各种功能的硬件平台，主要是指为实现系统功能所需要的硬件资源集合，如手机平台和汽车生产平台。

2. 平台软件使用的意义

平台软件的目的是为各类应用软件提供特定的工作环境，所以开发应用软件首先要选择相应的操作系统作为平台支撑。应用软件开发一般为了降低开发成本，提高开发效率，都会选择一个通用的、广泛使用的平台进行开发，这样开发出来的应用软件才能得到市场的认可。但一些特定的应用软件，如国防应用软件、大型 CAM/CAM 应用软件，它们都有特定的工作环境，有特定的甚至是专门定制的平台，从而保证应用软件使用的安全性、高效性。

3. 平台软件的分类

在本书中，平台软件狭义的讲就是指计算机操作系统，所以平台软件的分类也就是计算机操作系统的分类。

操作系统（Operating System，简称 OS），位于底层硬件与用户之间，是两者沟通的桥梁，是电子计算机系统中负责支撑应用程序运行环境以及用户操作环境的系统软件，同时也是计算机系统的核心与基石。它的职责常包括对硬件的直接监管、对各种计算资源（如内存、处理器时间等）的管理、以及提供诸如作业管理之类的面向应用程序的服务等。用户可以通过操作系统的用户界面，输入命令，操作系统则对命令进行解释，驱动硬件设备，实现用户要求。

至 2005 年为止，用于通用计算机上的操作系统主要有两个家族：类 Unix 家族和微软 Windows 家族。而主机系统和嵌入式操作系统使用多样的系统，并且很多和 Windows、Unix 都没有直接的联系。

类 Unix 家族包括多个组织的操作系统，其中有几个主要的子类包括 System V、BSD 和 Linux。这里"Unix"是一个商标，开发组织允许使用操作系统在一个定义前提下自由地开发。这名字是通用大型设置操作系统类似组织 Unix。Unix 系统运行在从巨型机到嵌入式系统的多种机器架构上。Unix 主要使用于重要的商务服务器系统和工程环境中的工作站之上。和 Unix 不同，自由软件比如 Linux 和 BSD 逐步开始流行，并且开始进入桌面操作系统领域。和一些 Unix 操作系统不同，像惠普公司的 HP-UX 和 IBM 公司的 AIX 是设计仅运行在客户购买的设备上，其中有一些特殊的（比如 SUN 的 Solaris）可以运行在客户购买设备和基于工业标准的 PC 上。苹果计算机的 Mac OS X 是一个 BSD 特例，以取代早期小型市场上的苹果公司 Mac OS，众多流行的 Unix 操作系统正在走向一体。

微软公司的 Windows 操作系统家族起源于早期的 IBM PC 环境中的 MS-DOS，现在版本是基于新的 Windows NT 内核，第一次是在 OS/2 中制定。与 Unix 不同，Windows 只能运行在 32 位和 64 位的 x86 CPU（如 Intel 或者 AMD 的 CPU 芯片）上。今天 Windows 是一个流行的操作系统，在全球桌面市场中占有 90% 左右的份额，同时在中低端服务器市场也有广泛的应用，如 Web 服务器和数据库服务器。

大型机系统，比如 IBM 公司的 Z/OS，和嵌入式操作系统比如 QNX、ECOS 和 PalmOS 都是与 Unix 和 Windows 无关的操作系统，而 Windows CE、Windows NT Embedded 4.0 和 Windows XP Embedded 都是与 Windows 相关的。

老的操作系统停留在市场包括类似 IBM Windows 的 OS/2、来自惠普的 VMS（以前的 DEC）；苹果公司的 Mac OS 操作系统、非 Unix 先驱苹果公司 Mac OS X，以及 AmigaOS，第一个图形用户界面的操作系统，包括对于普通用户的高级的多媒体能力。

4. 常用平台软件

（1）Windows 98 是一个发行于 1998 年 6 月 25 日的混合 16 位/32 位的图形操作系统。这个新的系统是基于 Windows 95 上编写的，它改良了硬件标准的支持，例如 USB、MMX 和 AGP。其他特性包括对 FAT32 文件系统的支持、多显示器、Web TV 的支持和整合到 Windows 图形用户界面的 Internet Explorer，称为活动桌面（Active Desktop）。

（2）Windows ME 是一个 32 位图形操作系统，由微软公司发行于 2000 年 9 月 14 日。这个系统是在 Windows 95 和 Windows 98 的基础上开发的。它包括相关的小的改善，例如 Internet Explorer 5.5。最重要的修改是系统去除了 DOS，而由系统恢复代替了。

（3）Microsoft Windows 2000（起初称为 WinNT 5.0）是一个由微软公司发行于 2000 年 12 月 19 日的 32 位图形商业性质的操作系统。Windows 2000 有 4 个版本：Professional、Server、Advanced Server 和 Datacenter Server。另外，微软提供了 Windows 2000 Advanced Server 限定版，用于运行于英特尔 Itanium 64 位处理器上。所有版本的 Windows 2000 都有共同的一些新特征：NTFS5，新的

NTFS 文件系统;EFS,允许对磁盘上的所有文件进行加密;WDM,增强对硬件的支持。

(4) Windows XP 是微软公司最新发布的一款视窗操作系统。它发行于 2001 年 10 月 25 日,原来的名称是 Whistler。微软最初发行了两个版本:家庭版(Home)和专业版(Professional)。家庭版的消费对象是家庭用户;专业版则在家庭版的基础上添加了新的为面向商业的设计的网络认证、双处理器等特性。字母 XP 表示英文单词的"体验"(experience)。在 XP 之前,微软有两个相互独立的操作系统系列:一个是以 Windows 98 和 Windows ME 为代表的面向桌面电脑的系列;另一个是以 Windows 2000 和 Windows NT 为代表的面向服务器市场的系列。Windows XP 是微软把所有用户要求合成一个操作系统的尝试,而为此付出的代价是丧失了对基于 DOS 程序的支持。

(5) Linux 是目前十分火爆的操作系统。它是由芬兰赫尔辛基大学的一个大学生 Linus B. Torvolds 在 1991 年首次编写的。标志性图标是一个可爱的小企鹅。由于其源代码的免费开放,使其在很多高级应用中占有很大市场。这也被业界视为打破微软 Windows 垄断的希望。

(6) FreeBSD 是一种运行在 x86 平台下的类 Unix 系统。它以一个神话中的小精灵作为标志,由 BSD Unix 系统发展而来,加州伯克利学校(Berkeley)编写,第一个版本于 1993 年正式推出。BSD Unix 和 Unix System V 是 Unix 操作系统的两大主流,以后的 Unix 系统都是这两种系统的衍生产品。这款操作系统主要应用于网络服务器端,不太适合个人用户。

(7) BeOS 以其出色的多媒体功能而闻名,它在多媒体制作、编辑、播放方面都得心应手,因此吸引了不少多媒体爱好者加入到 BeOS 阵营。由于 BeOS 的设计十分适合进行多媒体开发,所以不少制作人都采用 BeOS 作为他们的操作平台。

模块二 车道工控机工作原理

1. 车道工控机的定义

工控机即工业控制计算机,是一种采用总线结构,对生产过程及其机电设备、工艺装备进行检测与控制的计算机的总称,具有重要的计算机属性和特征,如具有计算机 CPU、硬盘、内存、外设及接口,并有实时的操作系统,控制网络和协议,计算能力,友好的人机界面。

车道工控机是针对 ITS(Intelligent Transportation System 智能交通系统)而提出的,在公路机电工程中得到广泛应用。

2. 工控机分类

1983 年工控机被列入国家计算机系列型谱及发展规划,当前我国工控机的主要类别有:IPC(PC 总线工业电脑简称工业 PC)、PLC(可编程控制系统)、DCS(分散型控制系统)、FCS(现场总线系统)及 CNC(数控系统)共 5 种。

由于 IPC(工业 PC)可充分利用计算机技术的进步,便于更新换代,所运行的软件与普通 PC 完全一样,便于软件的开发和调试,所以是目前发展应用最快的机型。其他的各种类型的工控机在早期的公路收费系统中有应用,但现在已不再采用。

3. 车道工控机的应用

1) 在高速公路收费系统的应用

高速公路的收费系统大体上经历了三个时期:手工收费、计算机收费、ETC(ELECTONIC TOLL COLLECTION 不停车收费)。在收费系统的第二个时期开始使用工控机,主要使用的机型为 19″宽、4U 高的通用型标准主机,其体积较大,如研祥的 IPC-810、研华的 IPC-610 整机(体积为 177mm 高 ×482mm 宽 ×452mm 深,可同时扩充 4 个 PCI、8 个 ISA、2 个 PCISA 卡及各种外设,如通行券读写机、收费专用键盘、收费票据打印机、电动/手动栏杆机、车辆检测仪、车型显示仪、费额显示器、监控系统和对计、报警设备、信号灯、MODEM 等。由于收费亭本身狭小、体积庞大的工控机加上部分资源的闲置,因而工业 PC 厂商依市场的需求推出体积更狭小的工业 PC 机箱(体积为 170mm 高 × 166mm 宽 × 395mm 深),如研祥的 IPC-6806、研华的 IPC6806,不仅大大地减小了体积,并且进一步提高了资源的利用率。

2)在高速公路监控系统的应用

目前的高速公路监控主要分为收费监控和道路监控。经历的模式有三种:模拟录像 CCTV、数字化 DVR、网络化 DVR。由于 CCTV 监控时期只是利用 CCTV 和录像机进行监视和录像,完全人工操作。随着数字、视频技术的发展及应用,在数字 DVR 时代,集成商通过采用具备强扩充性(如多硬盘、多 ISA/PCI 资源等)能长时间稳定运行的工业 PC 机及视频采集卡、视频压缩卡等组成 DVR 系统,当车检仪、车道控制仪检测到需捕获图像时系统就能自动地进行图像的捕获与录像处理。其间使用的工业 PC 类型也是从大到小。随着网络技术的发展及 ITS 的应用与要求,工业 PC 厂商,通过在 CPU 卡(主板)上集成提供高性能的网卡,均已提供了高性能的工业级 10/100M 自适应网络接口,使系统集成商能将所有的资源系统通过联网方式实现信息的共享与充分利用,从而可将采集到的交通信息数据经分析处理后通过信息发布系统发送到各信息终端,以对交通流进行实时的引导和控制,进一步提高道路的通行能力。

模块三　车道主要设备的清洁保养

公路收费员在做好收费、发卡工作的同时,还要经常性对车道主要设备进行清洁保养,以保证设备外观清洁和运行良好。这就需要公路收费员认识车道主要设备,掌握这些设备清洁保养的基本知识。

1. 票据打印机的清洁保养

公路收费站一般都使用针式票据打印机(图 1-18)。由于打印机使用频率高,又承受灰尘、车辆尾气的侵蚀,因此,对打印机内部和外表进行清洁保养十分必要。下面举例说明针式票据打印机的清洁保养方法。

1)对打印机内部进行清洁保养

(1)及时清除进纸通道中的纸屑、灰尘等杂物

打印机在使用过程中,从票据上脱落的纸屑会掉落到打印机内部。如不经常性清理纸屑,可能会堵塞打印机进纸通道(或进纸槽)。碎纸屑黏附在有润滑油的字车导轨上,会造成字车移动不畅。掉落到打印机内部的碎纸屑积压严重时,还可能影响内部电路板和电子元器件的散热性能,从而影响打印机的正常运行。

图 1-18　STAR SP320 票据打印机

清除打印机内部纸屑,可采用小型吹风机和吸尘器,吹、吸出机器内部的纸屑。

(2)定期润滑字车导轨

打印机工作时,字车会在字车导轨上来回移动。随着使用时间的延长,字车导轨上的润滑油会黏滞、变干,影响字车移动。因此,必须定期为字车添加润滑油。润滑字车导轨的步骤是:

①关闭打印机电源。

②用麂皮或药用脱脂棉将字车导轨擦拭干净。没有麂皮或药用脱脂棉的，也可使用干净的、不易起毛的软布。

③用软布蘸上少许缝纫机机油或用于精密仪表的润滑油，在字车上来回擦拭。软布不易触及的地方，可用曲别针、大头针等细小物体蘸上润滑油涂抹到字车导轨上。涂抹润滑油时应注意不要将油滴落在打印机其他部件，以免其吸附纸屑和灰尘。

④润滑油涂抹完毕，打开打印机电源开关，让打印机自检，使字车自动在导轨上自动移动，使润滑油在导轨上均匀分布。

(3)定期清洁光学部件

打印机的感光部件是检测是否有纸张进入的光学器件。要定期用无水乙醇擦拭感光部件。注意清洗时不要磨损感光部件表面，以免影响光学效果。

(4)定期检查色带

要经常性检查色带使用情况，观察色带是否有破损、起毛等情况。如有，应及时更换。

2)对打印机外表进行清洁保养

打印机外表用柔软的布蘸上清水或专用清洁剂擦拭即可。但要注意不能使用挥发性液体(如稀释剂、汽油、喷雾型化学清洁剂)，以免损坏打印机表面。

2. IC 卡读写器的清洁保养

在使用 IC 卡作为车辆通行券的收费公路上，IC 卡读写器(图 1-19)是车道计算机和 IC 通行卡进行车型、入口收费站等信息数据交换设备。对 IC 卡读写器的清洁保养主要是擦拭其表面的灰尘和油污。

具体的清洁保养方法是：用柔软的湿布进行擦洗。对表面不易清除掉的油污，可用软布蘸上乙醇进行擦拭。

3. 费额显示器的清洁保养

公路收费站使用的费额显示器一般都采用金属外壳加内部 LED(light emitting diode，发光二极管)显示板组成(图 1-20)。由于费额显示器一般安装在收费亭外表或车道安全岛上，室外高温、灰尘和车辆尾气对费额显示器影响比较大。

图 1-19　JKM115 一体化多功能读卡器

图 1-20　费额显示器

对费额显示器的清洁保养也分为外部清洁保养和内部清洁保养。

1)费额显示器的外部清洁

费额显示器外部清洁主要是擦拭灰尘油污。可用软布蘸清水或专用金属外壳清洗剂擦拭。注意:如用水清洁的话,应先关闭费额显示器电源。清洁时,注意不要将水渗入到显示器内部。清洁完毕,最好将外壳残留液体擦干。

2)费额显示器内部的清洁保养

费额显示器内部清洁包括电路板的清洁、散热孔和散热风扇的检查和维护。

(1)打开费额显示器门,关闭供电电源。

(2)用细毛刷掸去电路板上吸附的灰尘。如积灰较重,或毛刷无法作业的,可用吸尘器或吹风机去除灰尘。

(3)检查费额显示器内部散热风扇叶片是否转动自如、叶片上是否有积灰。如有积灰,可用吸尘器或吹风机进行除尘。

(4)如风扇叶片转动不自如,可添加少许润滑油。

4. 电动栏杆机的清洁和保养

电动栏杆机(又称拦道器、挡车器)是拦阻未缴费车辆的设备(图1-21)。它主要由检测器、控制器、电机和机械传动部分和栏杆杆体组成。公路收费员对电动栏杆机的清洁保养主要是除尘保洁和润滑。

1)电动栏杆机清洁方法

对电动栏杆机外表的除尘保洁可使用软布蘸清水进行擦拭。对机箱内部进行保洁,可使用吸尘器或吹风机除尘。因机箱内部有电路,千万不要使用水来冲洗。对难以去除的灰尘,可使用干燥的软布进行擦拭。注意,在清洁机箱内部时,应切断栏杆机电源,防止触电。

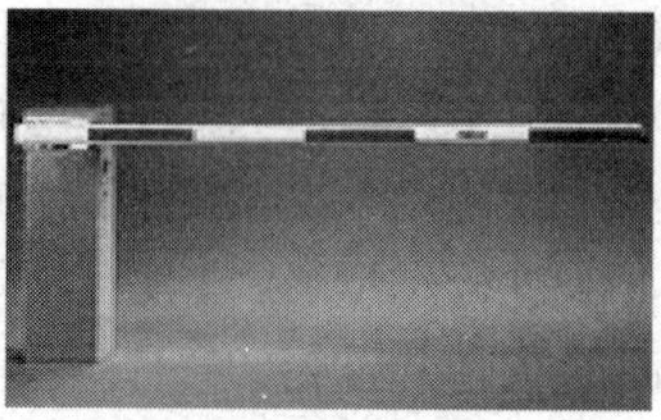
图1-21　电动栏杆机

2)电动栏杆机的润滑

对电动栏杆机的润滑可使用润滑油、黄油。需要润滑部位主要是一些机械传动的连接处。

3)电动栏杆机清洁保养时的注意事项

(1)栏杆机正常工作时,严禁打开机箱门,以免造成机器损坏或意外人身事故。

(2)栏杆起落时,严禁人员在栏杆起落范围内站立、行走,严禁在该区域摆放物品。

(3)栏杆起落时若无特殊情况,不要强行终止栏杆的起落动作。也不要在带电状态下,手动强行抬落栏杆,以免损伤电机。

5. 车道计算机的清洁和保养

车道计算机(图1-22)是整个收费系统的核心设备,负责收集信息,发出指令,协调所有设备运转,只有它工作正常其他设备才能完好的协同工作。可以说,车道计算机是整个收费系统中最重要的设备,它的运行状况直接关系到收费工作是否能正常进行。

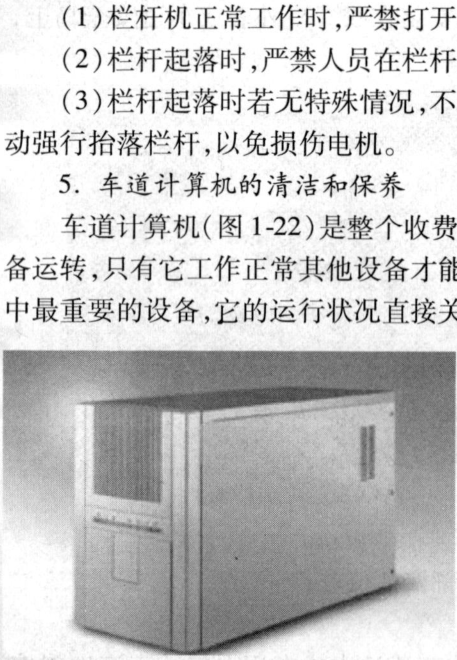
图1-22　研华系列工控机

正因为车道计算机在收费系统中的重要地位,一般选用运行相对稳定的工业控制计算机(简称工控机)作为车道计算机。

对车道计算机清洁保养也分为外表清洁保养和机箱内清洁保养。但由于计算机是精密设备,结构复杂,所以对其的清洁保养要格外注意。

(1)保持车道计算机工作温度为 -5 ~45℃,湿度90%以下。

(2)注意保持车道计算机机内部和外部的清洁。

外部每月可擦拭一次(带电),内部每三个月清洁一次(断电后用强力吹风机或吸尘器清洁)。

(3)每个月检查一次车道计算机主散热风扇、机箱风扇和CPU散热风扇,遇有散热风扇不工作时及时更换。

(4)车道计算机为室内设备,请勿淋水或在潮湿环境下工作。

(5)维护车道计算机内部模板及外围设备时,应首先关闭车道计算机电源,确保人员安全。

课题五 收费稽查

模块一 稽查工作概述

1. 稽查的职能和作用

稽查是公路通行费征收工作的重要组成部分,是公路通行费征收单位为了保证国家规费征收政策得以认真贯彻执行的重要监督手段。稽查的作用主要有以下几个方面:

(1)依照国家征费法规,通过对过往车辆交费情况的检查,纠正和遏制逃费、抗费行为,保证国家征费法规的贯彻执行,以维护收费政策的严肃性。通过稽查和正面宣传教育,提高车主照章缴费的自觉性,从而加强用户的缴费意识,保证收费计划的完成。

(2)保证收费队伍的廉政建设。通过内部稽查,促使收费人员遵纪守法,防止违法乱纪的行为发生,不断促进收费队伍执法素质的提高,有利于内部监督,促进行风建设,提高征稽管理水平。

(3)保证和促进收费管理工作各项制度的落实和管理水平的提高。通过对收费管理部门的稽查,促使其按照收费管理有关规定和财经纪律,做好收费票卡发放、票据结算、票款解缴、账表等基础工作,达到以查促收。

2. 稽查组织和人员纪律要求

1)组织形式

稽查队伍的建立,可根据收费机构的组织情况,分级建立稽查网络,采取上下结合,专兼结合。公司(处)成立稽查机构,负责稽查管理的日常工作,必要时公司(处)机关业务科室要积极配合。管理处由主管处长负责,稽查人员负责具体实施稽查工作。收费站由站长或值站班长负责日常稽查工作。

2)人员要求

稽查人员应具备一定的基本业务素质,要熟悉掌握各种车型的识别和收费标准,经过专业培训后方可上岗执行公务。稽查人员应具有一定的政策水平,要了解和掌握有关收费工作的政策规定,严格执法;具有一定的书写能力和口才,善于做好说服教育工作;具有较好身体素质,适应公路全天候的稽查工作;具有独立处理和解决问题的能力,判断准确,处理得当;具有较高的政治素质,不怕苦,不怕累,不怕打击报复和冷嘲热讽,敢于同违法乱纪行为作斗争。

3)纪律要求

公路通行费稽查工作是公路管理部门的对外窗口之一,其一言一行直接影响公路收费管理部门的声誉和形象,因此要求稽查人员在执行公务时,应自觉执行国家各项法规、政策规定;严格按照公路通行费征收有关规章制度办事,不得超越稽查工作职权范围;不得乱扣车,乱罚款;着装整齐,佩带稽查标志,执法证件齐全;做到文明稽查,讲究职业道德,正确使用稽查语言,举止端庄,动作规范,处理问题实事求是,以理服人,自觉维护公路收费、稽查人员形象;不断提高自身业务知识，掌握各项有关政策规定，提高稽查工作质量。

3. 稽查人员岗位职责

(1)负责当班期间的收费稽查工作，严格执行收费政策和有关规定，按章稽查。

(2)工作认真负责正确，判断是否违章，准确收费，稽查手续完备。

(3)工作时遵守着装规定，按规定着制式服装，正确佩带标志、携带证件。

(4)工作中遵守岗位服务规范，做到文明礼貌、热情服务，自觉维护执法形象。

(5)积极参加各级组织的教育和学习活动，努力钻研业务，提高工作技能和效率。

(6)服从上级调配和指挥，尊重领导，员工相互间团结协作。

(7)积极完成上级交办的其他工作。

模块二 稽查人员守则

为严肃工作纪律，加强廉政建设，特制定《稽查工作人员守则》，所有参加收费稽查工作的人员，都要遵照执行：

(1)努力学习，积极工作。认真学习收费稽查的各项文件和有关财经法规，提高政策思想水平和业务能力。振奋精神，集中精力，努力工作，积极主动地完成各项检查任务。

(2)坚持原则，秉公执法。严格按照国家有关的法律、法规和程序，检查、处理各种违法违纪问题，做到事实清楚，定性准确，处理恰当，手续完备。不得以情代法，以权代法和徇私舞弊。

(3)谦虚谨慎，注意工作作风。深入调查研究、虚心听取各方面的意见，查明情况，分清是非，宣传政策，讲明道理，以理服人。不得简单粗暴，盛气凌人。

(4)坚持群众路线，讲究工作方法。认真做好稽查检查中的思想政治工作，促进被查人员和职工群众积极主动地配合和支持稽查工作。做到件件有交待，事事有着落。

(5)加强组织观念，坚持请示汇报。经常汇报工作，反映情况，提出建议。遇到疑难问题和重大问题，要及时报告，在上级没有作出决定以前，不要轻易表态。不能擅自越级答复和处理问题。

(6)紧密合作，加强团结。服从领导，听从指挥，坚守岗位，工作上互相配合，生活上彼此照顾，同心同德，搞好工作。

(7)管好文件，注意保密。妥善保管各种文件资料，防止丢失、被窃。严格遵守各项保密规定，涉及需要保密的事项，不得对外泄露。

(8)严于律己，清正廉洁。认真执行廉政建设各项规定，奉公守法，遵守纪律，处处起模范带头作用。不准利用工作之便牟取私利。

模块三 稽查设备和方法

1. 稽查设备

(1)公路通行费稽查专用车辆，车顶装“黄色”警示灯，车身印有“公路稽查”标志字样。

(2)无线电通信设备(车台或手台)及防范用警械。

(3)稽查用反光背心，拦截车辆用停车牌(灯)及印有“公路稽查”字样的袖标。

(4)稽查收费用各种票据、稽查登记簿等。

2. 稽查方法

1)对外稽查

公路通行费征收对外稽查以上路稽查为主，其基本要求是：

(1)上路稽查应事先确定稽查时间、地点、任务和要求,并做好人员安排。每组一般为3～4人(单人不得上路稽查),确定一名组长,负责全面稽查工作和处理稽查中的问题。人员分工要明确,一名拦车员,一名检查员,一名记录员。上路前要检查车辆及所带稽查用具是否完好齐全。

(2)上路稽查人员按规定着制服,夜间着反光标志背心,左臂佩带"公路稽查"袖标,胸前佩戴"公路稽查"胸卡,并随身携带执法证件。

(3)稽查地点一般应设在公路出口50～100m处或出口匝道与省道、国道交叉口处,应选择具有较好停车检查地段,以不影响公路出口行车和公路车辆通行为宜。

(4)拦车时,要持立正姿势,面对来车,在距受检车辆50m以外给驾驶员以手势,左臂向前伸出,五指并拢,手掌向前;右手持停车牌(灯),举过头顶,发出停车信号,当车速缓减时,左手摆动示意靠边停车,不要搞临时紧急拦车,以防意外事故发生。

(5)检查车户时应向驾驶员行"举手礼",使用文明用语,提出检查要求,请驾驶员出示票据接受检查,并尽量缩短车辆在公路上的停滞时间。

2)内部稽查

公路通行费征收内部稽查的对象主要以收费人员及票务管理人员为主,稽查方式主要包括:

(1)定期稽查与不定期稽查相结合。各收费站、班组应建立定期稽查制度;上级收费管理部门则一般采取不定期抽查,以便及时发现问题。

(2)稽查与自查相结合。各收费班长应在班内开展经常性的自查互查,不断提高收费人员政治、业务素质,上级收费管理部门应在此基础上组织稽查,推动收费管理工作。

(3)专业稽查与兼职稽查相结合。除上级主管部门进行专门业务稽查外,应组织其他业务管理干部学会并参与稽查,这样做不仅扩大了稽查力度,也可使管理干部充分熟悉收费业务,协助收费工作的开展。

3. 稽查的内容

1)对外稽查内容

(1)核对车辆的车型与行车里程,考核收费是否合理。

(2)拦截闯口车辆。

(3)检查车主交费收据是否齐全,无收据时要与收费人员查对。

2)内部稽查的内容

(1)检查收费亭内有无闲杂人员,收费票证、用具、通信设备、警械是否按规定摆放和完好。

(2)收费人员着装是否整齐、文明服务是否符合要求。

(3)收费员有无作弊问题。

(4)收费人员下岗后票款结算情况,所留周转资金是否超出规定限额。

(5)检查票务工作,票款、账目是否日清日结;票证领发、保管、使用、核销等手续是否齐全,有无发生丢失票证现象;票证填写是否齐全、准确,有无涂改;退票、退款是否按规定手续办理。

(6)各种账目、报表是否准确,报出是否及时,记账是否符合规定,是否做到账证相符、账账相符、账款相符、账表相符,所收钱款是否及时送缴银行。

(7)各项基础管理工作是否健全,安全保卫措施是否落实。

4. 漏费和违章的种种表现

漏费和违章表现主要有：当地车漏费多，外地车漏费少；小车逃费少，大车逃费多；收费站建设正规、征费手段现代化的漏费少，反之漏费多；收费站内部管理严格的漏费少，反之漏费多。此外，还有假冒军车、警车逃费及持假优待券逃费等违章行为。

5. 正确处理违章和漏费

漏费和违章行为，影响通行费征收业务的正常进行，对此，通行费征收单位应采取积极的态度和正确的方法，处理漏费和违章行为。

首先，要认真学习有关通行费征收的法律、法规和政策，为纠正漏费和违章行为掌握理论依据和法律武器；广泛宣传通行费征收的意义及其法律规定，提高车主的按章纳费的自觉性；在处理具体违章行为时，认真贯彻执行各项车辆通行费征收规定，一丝不苟，秉公执法，不徇私情。

其次，切实加强内部管理，如果内部管理不严格，必然给逃费者造成可乘之机。这不仅对征费造成损失，更严重的是损害公路通行费征收单位的社会形象。要自觉遵守站纪、站规，着装整齐，语言文明，举止文雅，维护同志间的团结和单位声誉。

6. 稽查工作相关记录、表格、报告填写及编制办法

1）稽查情况记录（表1-10）

稽查情况记录表 表1-10

<table>
<tr><td>查看日期</td><td></td><td>编号</td><td></td><td>班次</td><td></td><td>车道</td><td></td><td>收费员姓名</td><td></td></tr>
<tr><td>录像日期</td><td></td><td>录像时间</td><td></td><td>有无挂上岗证</td><td></td><td>着装仪容是否规范</td><td></td><td>栏杆使用是否规范</td><td></td></tr>
<tr><td>有无串岗现象</td><td>无
有 次</td><td>有无擅离岗位现象</td><td colspan="2">无
有 次</td><td>有无做与工作无关的事</td><td colspan="2"></td><td>有无带与工作无关的物品</td><td></td></tr>
<tr><td rowspan="2">监控探头位置是否正常</td><td rowspan="2"></td><td rowspan="2">销票签字是否及时</td><td colspan="2" rowspan="2"></td><td rowspan="2">盖作废章是否及时</td><td colspan="2" rowspan="2"></td><td>亭内卫生</td><td>好 一般 差</td></tr>
<tr><td>物品摆放</td><td>规范 整齐
不规范</td></tr>
<tr><td>有无闲人进入收费亭</td><td></td><td>有无聊天现象</td><td colspan="2"></td><td>举止是否文明规范</td><td colspan="2"></td><td>精神是否饱满</td><td></td></tr>
<tr><td colspan="2">车型识别是否正确</td><td>电脑操作是否规范</td><td colspan="3"></td><td colspan="2">有无私自核对票款</td><td colspan="2"></td></tr>
<tr><td colspan="3">有无违反“六大禁令”的现象</td><td colspan="7"></td></tr>
<tr><td colspan="10">其他违纪情况</td></tr>
<tr><td colspan="10">处理意见</td></tr>
<tr><td colspan="3">查看录像时间</td><td colspan="2">时 分至
时 分</td><td>查看人姓名</td><td colspan="4"></td></tr>
</table>

2)考核稽查记录(表 1-11)

考 核 稽 查 记 录

表 1-11

站名	姓名	日期	稽查内容	稽查结果	备注	签发人

填表人: 年 月 日

3)稽查录像抽查登记表(表 1-12)

稽查录像抽查登记表

表 1-12

管理处:

编号	所名	车道	工号	日期	起讫		录像时间	违规记录
					起	讫		

审核: 录像稽查员: 年 月 日

思考题

1. IC 卡与其他各类卡相比具有哪些特点?
2. 电子标签分哪几种类型?
3. 计重收费系统设备的日常维护和保养工作有哪些?
4. 常见特情的类别和处理方法是什么?
5. 制订应急预案应考虑哪些内容?
6. 收费站安全管理工作的内容是什么?
7. 联网收费采取的车辆行驶路径确认方法有哪些?其优缺点是什么?
8. 票卡发放回收统计具有哪些意义?
9. 稽查人员守则有哪些内容?
10. 稽查的工作内容主要有哪些?

单元二　公路监控

学习目标

通过本单元的学习，使学员了解和掌握收费业务、收费统计、计算机数据存诸、交通流量及事件分析、图文信息发布规范、监控通信系统和故障排除等基本知识；掌握一定的图文版面设计软件使用方法和站级监控设备的维修方法，并能熟练排除故障。

知识要求

1. 收费统计基本知识；
2. 计算机数据存储方式；
3. 气象基本知识；
4. 信息公告编写规范；
5. 高速公路通信系统技术基本知识；
6. 收费站级监控设备故障诊断的排除知识；
7. 仪器设备的防雷知识。

技能要求

1. 能统计收费及交通量数据；
2. 能进行数据备份；
3. 能编写和发布规范的图文信息；
4. 能诊断和排除监控设备故障；
5. 能正确使用光端设备。

课题一　监控收费

模块一　统计基本知识

1. 收费数据统计目的

1)收费额计算及清账

(1)统计每个班次的收费金额，保证通行费足额上缴。

(2)统计各路段收费数据，了解公司营运情况。

(3)对于联网收费网络，统计收费额拆分结果，保证通行费正确拆分。

2)收费管理公司内部管理需要

(1)票证管理，完成收费站(收据、发票)的入库、发放、调拨等。

(2)通行券的发放、回收、调拨、库存，特殊管理，包括挂失、解挂、注销、跟踪等管理。

(3)数据核查管理,确认收费数据记录、收费员操作的准确性和真实性。

3)收费管理公司发展需要

通过车流量的统计和分析,了解道路使用情况,为道路的维修、建设提供依据。

2. 统计的数据来源

(1)自动收费方式,统计数据的来源主要有以下两个方面:

①收费系统自动生成的信息,主要包括通过收费站出入口的所有车辆的通行记录、车辆检测器记录、收费员操作记录等。每条车辆通行记录包括车型、通过收费站时间、收费员工号、收费班次等相关收费信息,封闭式收费系统还包括每辆车使用的通行券编号,采用计重收费方式的,还包括车辆轴型、轴重等。

②监控员录入的数据,如欠费信息、加收信息、票据使用信息等计算机不能自动生成的信息。

(2)对于人工收费方式,统计对象主要是收费票据。

3. 统计方式

(1)人工收费方式依据班前、班后收据序列号(和存根)由人工进行班后收费数据统计和清账。

(2)半自动收费方式下收费数据的统计方式是应用由车道和收费站计算机系统自动完成,收费数据至少应包括以下各类:

①通过车辆数、处理车辆数及两者差异。

②封闭式入口车道通行券发放数。

③封闭式出口车道通行券回收数、通行费应收金额(按车型和入口地址分别统计)、实缴金额及差异。

④各种特殊情况下处理明细及数量统计等。

⑤对于使用重复性非接触式 IC 通行卡的系统和还应包括通行卡流通方面数据(库存数、调拨数量、损坏流失数等)。

4. 统计报表类型

根据规范,收费系统统计报表按内容区分可分为收费报表(收费额)、交通量报表(出入口流量)、收费人员管理报表、收费设备工作状况报表和通行卡管理报表等 5 类;按管理部门区分可分为收费站级报表、收费(分)中心级报表和收费结算中心等三类;按时间周期区分可分为班次记录(报表)、日报表、月报表、年报表等种类。

1)报表结构

报表由以下三部分组成:

(1)主表:反映该报表主要内容。

(2)附表 1:反映该报表辅助内容,如特殊处理汇总等。

(3)附表 2:反映某些细节内容,如每条特殊处理记录等。

2)常见报表格式

根据收费制式区分报表分为:均一制、开放式、混合式收费系统报表格式和封闭式收费系统报表格式两部分。

(1)均一制、开放式、混合式收费系统报表主要包括:

①收费报表类。

a. 收费站收费员班次记录；
b. 收费站补交款班次记录；
c. 收费站通行费收入日报表；
d. 收费站通行费收入月报表(1)——(按日期统计)；
e. 收费站通行费收入月报表(2)——(按收费员统计)；
f. 收费站通行费收入年报表(1)——(按日期统计)；
g. 收费站通行费收入年报表(2)——(按收费员统计)；
h. 收费(分)中心通行费收入日报表；
i. 收费(分)中心通行费收入月报表(按日期统计、按收费站统计)；
j. 收费(分)中心通行费收入年报表(按日期统计、按收费站统计)。

②交通量报表类。

a. 收费站交通量日报表；
b. 收费站交通量月报表；
c. 收费站交通量年报表；
d. 收费站收费员工作情况月报表；
e. 收费站收费员工作情况年报表；
f. 收费站收费设备工作状况月报表。

以上表格详细格式可以参考相关标准,以下详细介绍三个常用的报表：

收费站收费员班次记录包括一个主表(表2-1),三个附表(表2-2～表2-4),根据收费程序不同也不完全相同,表中详细记录了收费员工号、姓名、收费车辆数目、车辆检测器数目、免费车辆数目、收费车型、收费车辆数、应收金额、实收金额、非现金支付费用等信息。通过附表,还可以了解该收费员处理特殊车辆信息,使用票据情况(数量及金额)等。

根据该表,可以查看收费员应上缴收费额,当与收费员实际上缴金额的发生差异时,根据收费记录,查找原因,便于对收费员进行考核。

根据该表,查看收费处理车辆数量(正常交费车辆和免费车辆)与通过车辆数量的差异,当出现差异时,可以通过监控录像,查看是否有漏处理车辆通行,如推杆放行。

监控员根据监控记录和统计报表,可以了解收费员使用票据情况是否准确,特殊车辆处理情况是否真实。

收费站收费员班次记录,在每个班次下班后都必须进行统计,及时了解收费情况,方便收费结算和清账。

收费站在处理特殊车辆过程中,有些收费是不能在收费记录中自动生成的,如欠费车辆的补交款记录、违规车辆的加收记录、收费员误操作造成收费加收等,这些收费必须在收费员收到补款后,由监控员手工录入,该表反映了补交款情况及说明。

收费站补交款班次记录(表2-5)中详细记录了处理人员信息,补交款原因(类型),处理时间,及补缴金额等,收费站补交款班次记录与收费员班次记录一样,每个班次都必须统计,作为收费清账和结算的一部分。

表 2-1

________收费站收费员班次记录

收费员工号：

收费员姓名：　　　　　收费站编号：　　　　　工作日期：　　　年　　月　　日　　　班次：

时间段	开始时间	结束时间	累计时间（小时）	车道号	正常收费处理数(辆)						未交费特殊处理数（辆）	处理车数（辆）	通过车数(辆)			应收金额(元)				未付金额（元）	应收合计（元）	备注
					1 型	2 型	3 型	4 型	5 型	小计			检测器数	模拟次数	合计	现金	记账卡	储值卡	小计			
[1]	[2]	[3]	[4]	[5]	[6]	[7]	[8]	[9]	[10]	[11]	[12]	[13]	[14]	[15]	[16]	[17]	[18]	[19]	[20]	[21]	[22]	
1																						
…																						
n																						
合计																						

制表人：　　　　　打印日期：　　　　　年　　月　　日

特 殊 处 理 汇 总 表 2-2

未交费特殊处理数(辆)							其他特殊处理数	
公务	军车	紧急	未付	违章	其他	合计	模拟(次)	废票(张)

非现金支付卡付费明细 表 2-3

序号	时间	车道号	车型	处理类型	应收金额(元)			非现金支付卡卡号	备注
					现金	记账卡	储值卡		

说明:①工作日期为班次所在的工作日;

②打印日期为日历日;

③本班次记录可在需要时选择打印;

④表 2-4“特殊处理明细”除未交费的 5 种类型外还包括“模拟”和“废票”等 2 种类型,同一辆车可能出现一种以上特殊处理,(如“公务”和“模拟”),只填优先级最高的类型。

特 殊 处 理 明 细 表 2-4

序号	时间	车道号	车型	处理类型	应收金额(元)	备注

________收费站补交款班次记录 表 2-5

管理员工号:

管理员姓名: 收费站编号: 工作日期: 年 月 日 班次:

序号	处理时间(时:分)	车型	处理类型	补交金额(元)	备注
[1]	[2]	[3]	[4]	[5]	[6]
1					
…					
n					
合计					

制表人: 打印日期: 年 月 日

说明:①处理类型;未付补交款;违章车补交款;其他;

②处理时间为可选项;

③清账时此表数据在站级输入。

收费站通行费收入日报表(表 2-6 ~ 表 2-8)详细记录了该收费站每天收入情况,其中实收现金是收费员上缴的收费额,由监控人员或收费员人工录入,应收现金是计算机统计金额,当发现差异时,可以结合收入班次记录,加收记录,查找存在差异的原因,保证收费额的足额上缴。

表 2-6

________收费站通行费收入日报表

收费站编号：　　　　　　　工作日期：　　　年　　月　　日

序号	收费员	开始时间	结束时间	累计时间(小时)	正常收费处理数(辆)						未交费特殊处理数(辆)	处理车数(辆)	通过车数(辆)			应收金额(元)				未付金额(元)	应收合计(元)	实收现金(元)	现金差异(元)	备注
					1 型	2 型	3 型	4 型	5 型	小计			检测器数	模拟次数	合计	现金	记账卡	储值卡	小计					
[1]	[2]	[3]	[4]	[5]	[6]	[7]	[8]	[9]	[10]	[11]	[12]	[13]	[14]	[15]	[16]	[17]	[18]	[19]	[20]	[21]	[22]	[23]	[24]	[25]
1																								
…																								
n																								
合计	/	/																						

制表人：　　　　　　打印日期：　　　年　　月　　日

特殊处理汇总 表2-7

未交费特殊处理数(辆)					其他特殊处理	
公务	军车	紧急	未付	违章	模拟(次)	废票(张)

非工作时间车辆通过明细 表2-8

序号	时间	车道号	备注

说明:①清账时收费员"实收现金"数在站级输入,其余数据来自收费员班次记录合计值;

②管理员如有补交款输入,也计入本表,但只出现序号,收费员(管理员)应收(补交)金额和备注等4项内容;

③"现金差异"数可为正值(长款)或负值(短款)。

(2)封闭式收费系统报表格式

封闭式收费,在收费站除了具有均一制、开放式、混合式收费系统同样的报表格式外,还应包括以下表格:

①通行券相关报表。

a. 收费站入口车道通行券发行班次记录;

b. 收费站出口车道通行券回收班次记录;

c. 收费站通行券库存量日报表;

d. 收费站通行券发行日报表;

e. 收费站通行券发行月报表。

②收费拆账相关报表。

a. 收费站通行费拆账班次统计表;

b. 收费站通行费拆账日统计表;

c. 收费站通行费拆账月统计表;

d. 收费站通行费拆账最终结果日统计表;

e. 收费站通行费拆账最终结果月统计表。

③收费站计重报表类(如采用计重收费)。

a. 收费站计重车辆交通流量按车型统计日报表;

b. 收费站计重车辆交通流量月报表。

④封闭式收费除了收费站报表外,还包括收费分中心、联网收费中心报表等。

5. 收费站收费统计分析软件操作

以江苏省高速公路一个统计软件为例,详细介绍统计分析软件的功能及操作。

1)收费站收费统计分析系统主要功能介绍

(1)收费员下班后填报的数据操作和管理,主要包括:

①收费数据的录入、删除及修改。

②收费数据中欠费的录入。

③考核加权系数录入、删除及修改。

(2)根据管理要求,对收费数据进行统计处理,产生各种统计报表。对需要的统计结果提供打印输出。这其中包括:

①交通通行费类。

②交通流量类。

③收费管理类。

④路网收费拆账类。

⑤计重流量金额统计类。

(3)检索,对收费原始记录根据不同的条件进行查询、汇总和筛选。

(4)对收费原始记录进行审计,保证原始数据的完整性。

(5)提供辅助工具,使获得一定权限的值机员可以更改错误数据,能够对车道车牌照输入功能进行管理。

图2-1为江苏省高速公路收费统计管理系统界面,它包括窗口标题栏、下拉菜单条、工具栏、图形选择按钮4个部分。监控人员在可用鼠标单击相应的菜单项,进行相应权限范围内的操作。常用的功能选项(注册、录入、监视、统计、检索)可通过图形选择按钮选择。

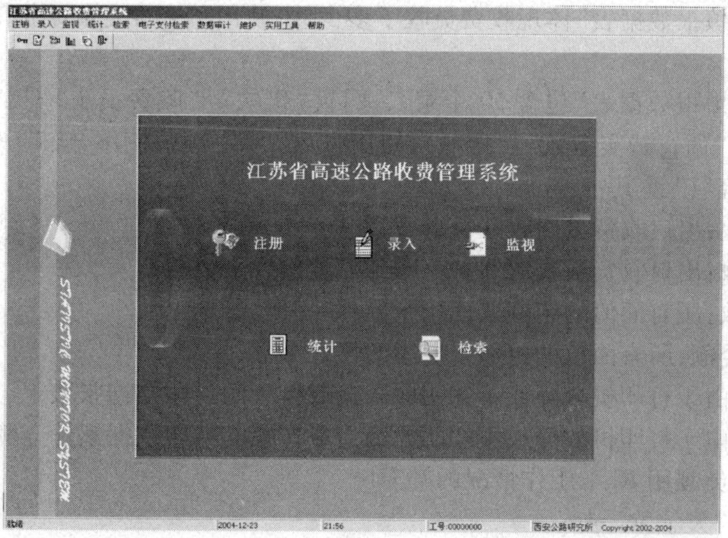

图2-1 高速公路收费管理计算机显示主界面

2)操作

(1)注册

监控员对管理系统操作,首先必须进行登录,不同的用户具有不同的操作权限,注册窗口就是监控员登录到管理系统的界面,监控员输入正确的用户名和密码(用户名可以采用监控员工号),进入管理系统(图2-2)。

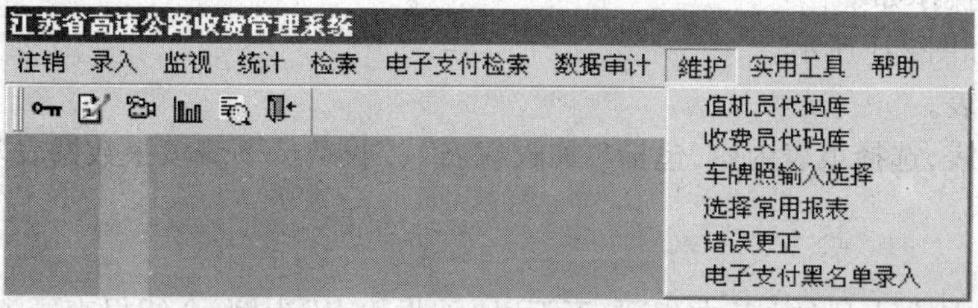

图2-2 系统的菜单

当操作员正确注册后,根据各个操作人员的使用权限的不同,菜单栏和图形按钮中的原先无效(灰色)的项或者全部变为有效(黑色)或者部分变为黑色。普通值机人员可以使用“注册”、“录入”、“监视”、“统计”、“检索”、“帮助”6个菜单项。操作人员可以根据工作需要选择不同的菜单项进行操作，只有系统维护人员才能进入维护模块。

(2)数据录入

在收费系统计算机处理信息的过程中有些信息是计算机无法确定的或根本无法自动得到的，但是这些信息又是收费管理必须具备的内容，所以需要监控员手工输入这些信息。

①录入的内容如下：

系统录入的内容主要包括三个方面，包括“加收款表”、“收费员下班填报数据表”、“欠费录入”。

监控员在收费员下班后，根据收费员提供的信息(如实际收费额等)及值机记录等，进行录入。

a.“收费员下班填报数据表”录入。

“收费员下班填报数据表”体现收费员收了多少钱、使用了多少定额票据等当班工作情况的信息。

“收费员下班填报数据表”包含10个录入项目：“班次”、“收费员工号”、“收费员姓名”、“通行卡实缴数”、“通行费实缴数”、“定额票使用张数”、“定额票使用金额”、“废票上缴数”、“废票上缴额”、“备注”。其中：

通行卡实缴数：出口收费员回收并且上缴到财务的IC卡张数；

通行费实缴数：出口收费员收取并且上缴到财务的现金金额；

定额票使用数：所有面值的定额票使用张数；

定额票使用金额：所有面值的定额票使用的累计金额；

废票上缴数：由于打印机故障或不知明原因造成作废的打印票据张数；

废票上缴额：由于打印机故障或不知明原因造成作废的打印票据累计金额；

备注：对收费员领用IC卡工作情况的补充。

b.“加收款”“欠款款”录入。

“加收款”为欠费的回缴款、损坏IC卡时上缴卡成本费；“加收款表”包含6个录入项目：“班次”、“车道”、“收费员工号”、“收费员姓名”、“加收金额”、“备注”，其中加收金额是指欠费的回缴金额、损坏IC卡成本费。

“欠款”为按照要求必须收取的通行费、卡损坏赔偿费等，由于各种原因，不能及时收取的费用，欠款录入包括“班次”、“车道”、“收费员工号”、“收费员姓名”、“处理时间”“处理车型”“应收金额”“欠款金额”等。

②数据录入操作如下：

录入界面，如图2-3所示。

a.选择录入表。

使用下拉列表，选择填表内容，包括“加收款表”、“收费员下班填报数据表”、“欠费录入”等，如图2-3所示。

b.录入。

各个录入报表的录入方法基本相同，下面以“加收款表”为例，介绍报表录入方法：

加收款表录入界面如图2-4所示。

第一步，首先在日期栏中选定所需的录入日期，并在班次栏中选择实际加收款的班次。

第二步，选择收费员工号。将光标或鼠标移动到汉字提示为“工号”的录入栏中选择实际发生车道的收费员工号，当收费员工号正确输入后，相应的收费员姓名会自动添加到汉字提示为“姓名”的录入栏中(收费系统提供收费员管理功能,收费员工号和收费员姓名一一对应)。

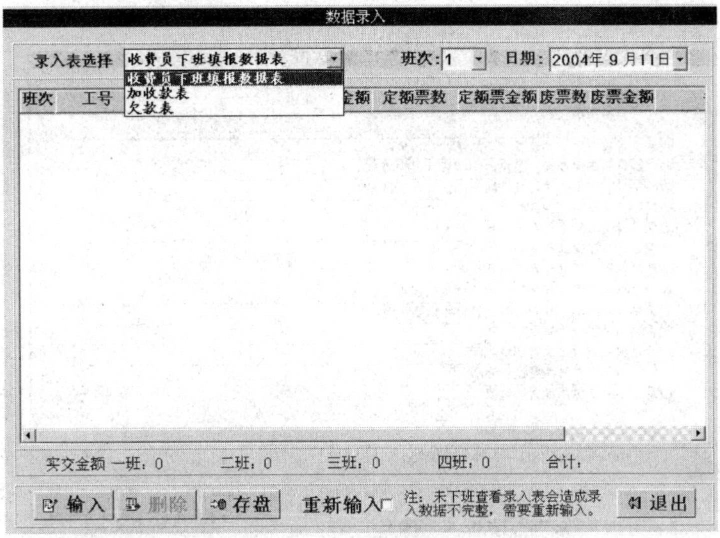

图 2-3 收费员下班填报表界面

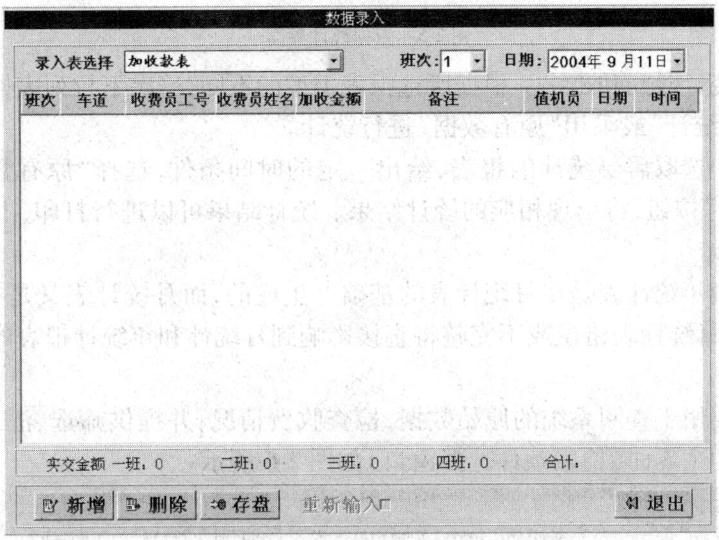

图 2-4 加收款表录入界面

第三步,在提示为“加收款”的录入栏中填写实际发生的金额。

第四步,在提示为“备注”的录入栏中填写实际发生的原因。

第五步,然后单击“添加”按钮,则完成一条记录的录入工作,并将数据添加到相应的数据库中。

要想完成对一条记录的删除,可以先使用屏幕右下侧的按钮,在表中选中需要删除的记录,然后单击“删除”按钮,将完成对这条记录的删除工作。

要想打印所有记录,只须单击“打印”按钮即可。

单击“退出”按钮,将退出录入界面,返回系统主界面。

(3)数据统计

①选择系统菜单的“统计”项,进入统计报表选择窗口,界面显示如图 2-5 所示。

②在报表类型中选择报表属性,在这组单选按钮中可以选择按时间分类和按类型分

类两种报表形式。选择报表属性后，对应该属性下的所有报表将出现在报表类型下的列表中。

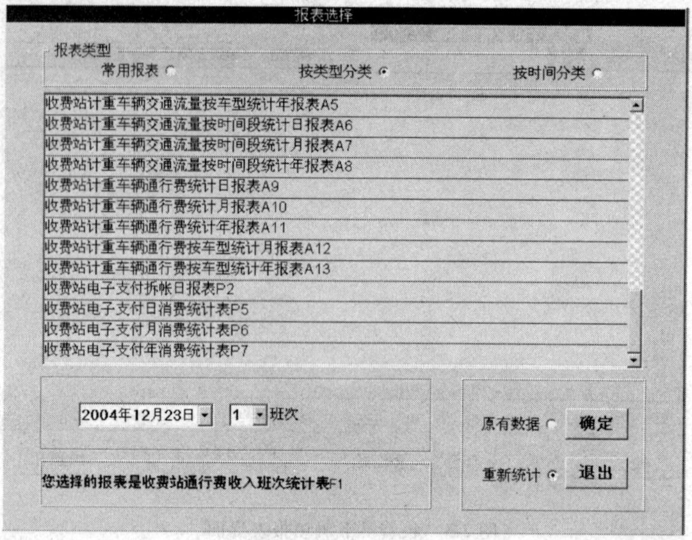

图2-5 数据统计界面

③选择报表统计时间和班次。根据所选报表类型的不同，班次下拉列表框有时不可操作。

④选择“重新统计”或采用“原有数据”进行统计。

从报表列表中选取需要统计的报表，给出一定的时间条件，选择“原有数据”或“重新统计”，并单击“统计”按钮，将出现相应的统计结果。统计结果可以进行打印，上传收费中心、联网中心。

通行费及流量年统计表是在月统计表的基础上生成的，而月统计表又是在日统计表的基础上生成的，因此日统计表错误或不完整将直接影响到月统计和年统计报表的结果。

(4)数据检索

检索模块主要用于查阅系统的原始数据，检查收费情况；并提供筛选、汇总、排序、打印等辅助功能。模块的主界面(检索条件选择窗口)如图2-6所示。

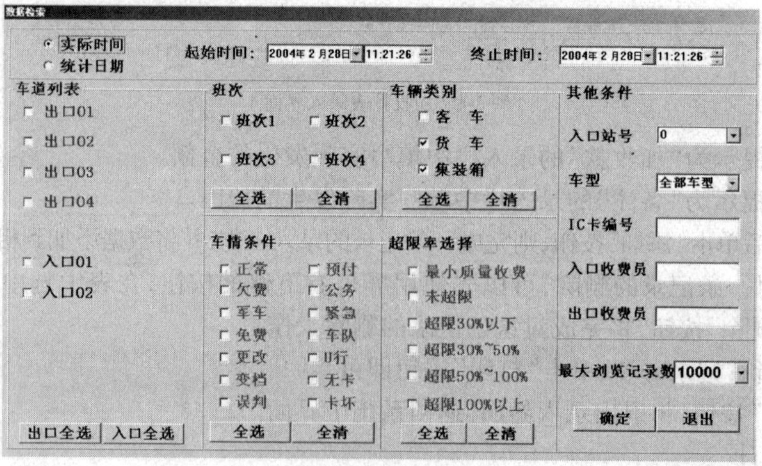

图2-6 检索主界面

通过检索，可以了解收费员操作信息，如收费员操作免费车辆的情况、收费员操作过程中出现更改的情况，从而对收费员操作进行考核和稽查。

起始时间和终止时间选择所要查询的原始数据的时间范围。

车道选择：选择所要查询的原始数据属于哪个车道所有。

车情选择：选择所要查询的原始数据的车情范围。

班次选择：选择所要查询的原始数据属于哪个班次。

车道、车情、班次单选钮组中都有“全选”及“清除”按钮，“全选”选中所有的车道、或车情、或班次，“清除”取消所有选中的车道、或车情、或班次。

以上检索条件可以同时选择，如车情条件中可以同时选择“公务”、“无卡”等。

“确定”，计算机根据检索条件，进行检索。

“退出”按钮，退出检索模块，返回至系统主菜单。

当检索完成时，屏幕上会出现如图 2-7 所示的检索结果浏览窗口。

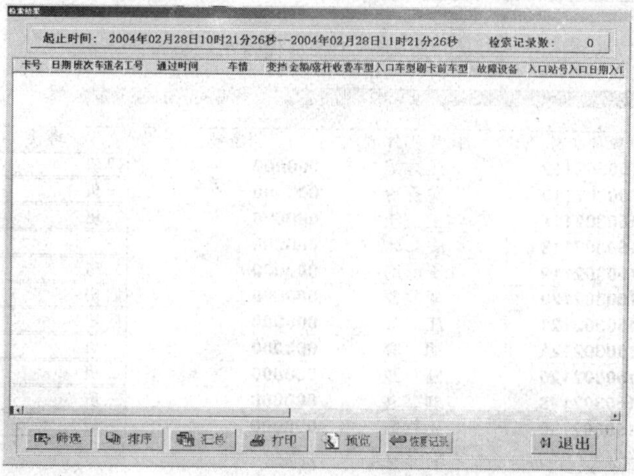

图 2-7　检索结果主界面

对检索结果可以进行预览、打印、筛选等操作。筛选是在搜索结果的基础上，进一步查找满足条件的记录。

根据收费系统不同，数据统计系统还可以提供非现金支付报表及检索，联网收费系统黑名单查询及管理等功能。

(5)基础数据维护

基础数据维护是为系统维护人员提供的管理工具，通过数据维护，系统维护人员可以对系统运行基础参数进行设置，普通操作人员无权对基础数据进行维护操作。

系统的基础数据主要包括车道对照表和监控员、收费员代码库。

添加、删除监控员及收费员工号只有具有维护员权限的用户才能操作。其余收费员、监控员只能看到自己的信息，修改自己的密码、姓名等。

只有在该列表中的收费员才能到车道进行收费操作。否则，车道计算机不能正常上班操作。

只有在该列表中的监控员(值机员)才能完成收费监控最基本的操作，否则，不能正常登录到管理计算机。监控员代码库如图 2-8 所示。

本功能模块使用统一的界面，所以操作方法相同，现以维护收费员代码库为例，说明其使用方法。模块主界面如图 2-9 所示。

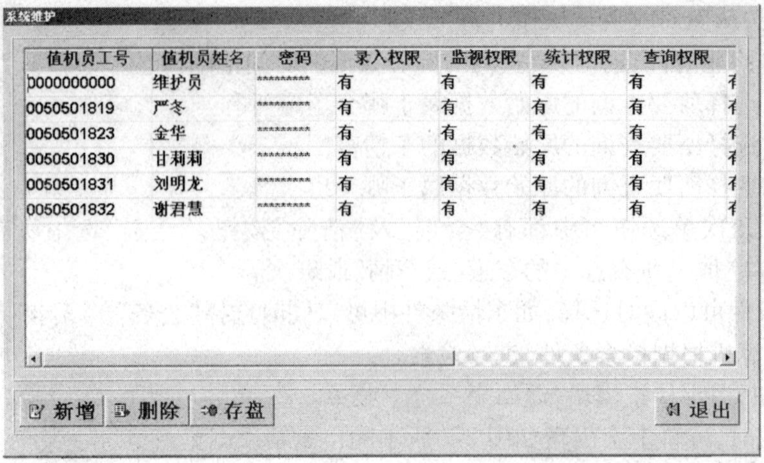

值机员工号	值机员姓名	密码	录入权限	监视权限	统计权限	查询权限
0000000000	维护员	*********	有	有	有	有
0050501819	严冬	*********	有	有	有	有
0050501823	金华	*********	有	有	有	有
0050501830	甘莉莉	*********	有	有	有	有
0050501831	刘明龙	*********	有	有	有	有
0050501832	谢君慧	*********	有	有	有	有

图 2-8　监控员代码库

收费员工号	收费员姓名	密码	班次
1150302112	庄秀娟	000000	四班
1150302115	费爱玲	000000	一班
1150302117	王　佳	000000	二班
1150302118	史　冰	000000	
1150302119	于彤彤	000000	二班
1150302120	胡蒙蒙	000000	四班
1150302121	庄　芸	000000	四班
1150302124	胡　容	000000	一班
1150302126	陆　波	000000	二班
1150302128	刘馨鑫	000000	三班
1150302130	王红霞	000000	三班

图 2-9　收费员代码库

新增　点取此按钮，在窗口的表格中会增加一行空白行，维护人员可在其中输入数据。

删除　点取此按钮，会删除表格的当前行。

存盘　所有的“新增”、“删除”及对数据的更改操作必须点取此按钮才能对实际数据进行操作。

退出　退出系统维护模块，返回至主菜单。

以上是收费站统计软件的常见功能模块及操作，由于系统开发商不同，软件的实现及功能的操作也不完全相同，为了更方便收费站管理，收费站统计软件可能还提供一些辅助工具，如费额计算、数据升迁、数据审核、收费员按键查询等。

费额计算是在监控室通过人工输入车辆信息、入口信息来计算通行费，主要是验证车道计算机计算出的收费额是否正确，另外，当车道计算机损坏时，代替人工计算收费额。

数据升迁是解决收费车道计算机收费数据上传服务器不完整时，完成对收费数据重新采集。

收费员按键查询功能是查询收费员在收费过程中所有按键过程，当发生收费错误时，可用来检查收费员操作是否正确。

数据审核是保证收费数据的安全、完整和一致。

模块二　计算机数据存储和备份

本模块主要介绍目前数据存储和数据管理方面一些基本的常识和采用的技术，对其中各知识点的详细了解，需要参考专业教材。

1. 数据存储概念

按照国际标准化组织（ISO）的定义，数据是对事实、概念或指令的一种特殊表达形式，它可以通过人工或自动化装置进行通信、翻译和处理。因此不仅指数字、还可以是文字、图形、图像或声音等多种类型。在计算机系统中，所有事物的都是通过数据来描述的，数字、文字、图表、图像、声音等都是数据。人们通过数据来认识世界，交流信息。

数据存储是根据不同的应用环境，通过合理、安全的方式将数据保存在某种存储设备上，并能确保其有效的访问。

计算机的存储设备很多，如内存、硬盘、软盘及光盘等，范围非常广，从几百 K 的芯片到上百 TB 的磁盘阵列系统都可以用于计算机数据的存储。不论是哪一种设备，存储设备的最小单位是“位”，存储信息的单位是字节，也就是说按字节组织存放数据。其中由于存储容量大、存取速度快且安全性、实时性强，企业级的动态数据存储绝大多数设备都采用磁盘阵列系统。

2. 磁盘阵列及相关技术

磁盘阵列又称 RAID，RAID 是英文 Redundant Array of Inexpensive Disks 的缩写，中文译作廉价冗余磁盘阵列，简称磁盘阵列。简单的说，RAID 是一种把多个类型、容量、接口，甚至品牌一致的独立的硬盘（物理硬盘）按不同方式组合起来形成一个硬盘组（逻辑硬盘），使其能以某种快速、准确和安全的方式来读写磁盘数据，从而提供比单个硬盘更高的存储性能和提供数据冗余的技术。磁盘阵列读写方式的基本要求是，在尽可能提高磁盘数据读写速度的前提下，必须确保在一张或多张磁盘失效时，阵列能够有效地防止数据丢失。磁盘阵列通过将数据有选择性地存储在多个磁盘上，免除单块硬盘故障所带来的灾难后果，通过把多个较小容量的硬盘连在智能控制器上，可增加存储容量。

有多种方式可以实现 RAID 系统，这些方式通常称为 RAID 级别，RAID 的级别很多。常见的有 0、1、3、5 等 4 个级别。

1）RAID 0

RAID 0 是将多个磁盘并列起来，成为一个大磁盘。在存放数据时，将数据按磁盘的个数来进行分段，然后同时将这些数据写进这些盘中。所以，在所有的级别中，RAID 0 的速度是最快的，存储空间利用率高。但是 RAID 0 没有冗余功能的，如果一个磁盘（物理）损坏，则所有的数据都无法使用。这种方式，只是提高了磁盘读写性能和整个服务器的磁盘容量。通常不使用 RAID0 存储重要数据，除非数据容易恢复，而且容忍系统的停机时间，RAID0 通常只适用在磁盘数较少、磁盘比较紧缺的环境中，在收费系统中通常不采用 RAID0。

2）RAID1

RAID1 又被称为磁盘镜像，由两个以上偶数个硬盘组成，每一个磁盘都具有一个对应的镜像盘，对写入任何一个磁盘的数据都会被复制镜像盘中，同时系统可以从这一组镜像盘中的任何一个磁盘读取数据。因为有镜像硬盘做数据备份，所以 RAID1 的数据安全性在所有的 RAID 级别上来说是最好的。但是其磁盘的利用率却只有 50%，是所有 RAID 上磁盘利用率最低的一个级别。

3) RAID3

RAID3 存放数据的原理和 RAID0、RAID1 不同。RAID3 至少由三块以上硬盘组成,RAID3 是以一个硬盘来存放数据的奇偶校验位,数据则分段存储于其余硬盘中。如果数据盘(物理)损坏,只要将坏硬盘换掉,RAID 控制系统则会根据校验盘的数据校验位在新盘中重建坏盘上的数据。不过,如果校验盘(物理)损坏的话,则全部数据都无法使用,利用单独的校验盘来保护数据虽然没有镜像的安全性高,但是硬盘利用率得到了很大的提高,为$(N-1)/N$,其中 N 为 RAID 中硬盘的个数。

RAID3 所存在的不足是校验盘很容易成为整个系统的瓶颈。RAID3 的数据写入操作分散在多个磁盘上进行,然而不管是向哪一个数据盘写入数据,都需要同时重写校验盘中的相关信息。因此,对于那些经常需要执行大量写入操作的应用来说,校验盘的负载将会很大,无法满足程序的运行速度。

4) RAID5

RAID5 是保护数据最常见的方法,RAID5 是在 RAID3 的基础上进行了一些改进,同样也是由三块以上的硬盘组成,也是以数据的校验位来保证数据的安全,但它不是以特定硬盘来存放数据的校验位,而是将数据段的校验位交互存放于各个硬盘上,任何一个硬盘损坏,都可以根据其他硬盘上的校验位来重建损坏的数据。

RAID5 提供好的读能力,但对写操作时,性能会严重下降,当 RAID5 写入数据时,即使只是向一个磁盘写入一个数据块,也必须计算与该数据块同处一个带区的所有数据块的校验值,并将新值重新写入到校验块中。由此我们可以看出,一个写入操作事实上包含了数据读取(读取带区中的关联数据块)、校验值计算、数据块写入和校验块写入 4 个过程。

RAID5 具有和 RAID0 相近似的数据读取速度,只是多了一个奇偶校验信息,写入数据的速度比对单个磁盘进行写入操作稍慢。

RAID5 采用校验位,为系统提供数据安全保障,但保障程度要比镜像低,由于多个数据对应一个奇偶校验信息,RAID5 的磁盘空间利用率要比 RAID1 高,存储成本相对较低。

3. 文件及数据库

文件是计算机中一个很重要的概念,是操作系统中用来存储和管理信息的基本单位,文件是指记录在存储介质(如磁盘、光盘和磁带)上的一组相关信息的集合。文件可以用来保存各种信息。用字处理软件制作的文档,用计算机语言编写的程序,以及进入计算机的各种多媒体信息,都是以文件的方式存放的。

数据库(Data Base)是依照某种数据模型组织起来的数据集合。这种数据集合具有如下特点:

(1)实现数据共享。数据共享包含所有用户可同时存取数据库中的数据,也包括用户可以用各种方式通过接口使用数据库,并提供数据共享。

(2)减少数据的冗余度。由于数据库实现了数据共享,从而避免了用户各自建立应用文件。减少了大量重复数据,减少了数据冗余,维护了数据的一致性。

(3)数据实现集中控制。文件管理方式中,数据处于一种分散的状态,不同的用户或同一用户在不同处理中其文件之间毫无关系。利用数据库可对数据进行集中控制和管理,并通过数据模型表示各种数据的组织以及数据间的联系。

(4)数据一致性和可维护性,以确保数据的安全性和可靠性。

4. 数据管理

数据管理有别于数据存储管理，存储管理的对象是存储空间（或称存储资源），其主要内容是存储设备状态监控、存储空间在线动态扩展和调整、存储空间的统一管理和分配等，目的是为了向主机及其应用提供稳定可靠的存储空间。数据管理的对象是在线存储系统内的数据，其管理内容主要有：利用各种不同的手段获取数据拷贝以实现各种级别的数据安全和高可用特性、在不同的存储设备中迁移数据等内容。

数据管理的目的主要有：保障系统生命可持续，提高存储资源利用率（或节省存储成本），进行数据共享或再利用（从而进行效益增值）。

数据管理依附于存储系统，数据管理包括数据备份、复制、容灾、迁移等方面的内容。

备份是指用一定的方式形成数据拷贝，以在源数据遭到破坏的情况下，可以恢复数据。备份有在线备份和离线备份两种方式，其区别主要在于备份设备是磁盘设备还是磁带设备。根据不同的规模和不同的存储模式，备份有单机备份、网络备份等。比较而言，单机备份仅仅适合于单一应用系统，同一网络下的多个应用系统，适合采用网络备份。

复制是指将系统主磁盘设备内的数据复制到其他系统内，数据复制有同步复制和异步复制。通过不同的软硬件设备，不仅可实现局域网内，还可实现广域网上的数据复制。通过数据复制可以形成高性能的数据备份方案。

容灾是指在主应用系统之外，在异地建立一套备份系统，通过数据复制软件，把数据同步复制到备份系统中，通过相应的软件，监控主系统的运行状态，一旦主系统因为各类灾难而宕机，备份系统即可接替主系统的工作，保证系统实时在线可用。容灾可以带来很高的可靠性，但容灾的建设投入相对非常大。

基于联网收费网络系统的数据主要分为系统参数数据、联网收费业务数据、联网收费应用软件数据等三种。

（1）系统参数数据在联网收费管理中心产生，主要包括收费路网的联网收费系统运行参数，如车型分类表、非现金支付的黑/灰名单表、费额表、员工表、收费站编码表、联网收费拆分表、车辆行驶超时表、非现金支付卡参数、电子标签参数等系统设置参数等，该数据的流向是由联网收费管理中心向收费车道至上而下的流动。

（2）联网收费业务数据由收费车道、收费站、路段收费分中心、客户服务（包括 POS 点）和联网收费管理中心日常运营、管理、服务产生的业务数据，主要包括收费数据记录流水（包括原始收费记录、交易安全认证记录）、清账数据、各类统计报表数据、划拨指令、通行费资金缴款明细、对账数据、数据查询（通行卡、非现金支付卡、电子标签等相关查询请求）等，该数据的主要流向是由收费车道向联网收费管理中心至下而上的流动。

（3）联网收费应用软件数据是指联网收费应用软件，主要包括车道收费系统应用软件、站收费系统应用软件、路段分中心收费系统应用软件、联网收费管理中心系统应用软件、客户服务系统应用软件、票证及通行券管理应用软件、密钥及交易安全认证管理应用软件等以及支持这些应用软件的配置文件和运行参数。

根据收费系统的规模及特点，目前收费数据存储大多采用 DAS 直接外挂存储方式，特别是在收费站服务器及分中心服务器数据存储。

在收费站和分中心，收费数据采用的存储设备通常采用磁盘阵列系统，采用 RAID5 方式保证数据确保收费数据的可靠及安全。

在收费分中心，也可以采用双微机热备份服务器并配置磁盘阵列柜。采用两台高性能的服务器作为主机,通过广域网、局域网建立物理连接,建立以磁盘阵列柜为核心的双机容错热备份系统,配合磁盘冗余阵列技术、双服务器系统等各项技术,确保数据在发生故障时自动转换,在线恢复,达到双机容错的目的。存储的核心是磁盘阵列系统,其整体性能将关系到存储数据的安全性,实时性、可靠性。

根据数据的特点,收费数据采用数据库进行存放和管理,收费监控系统中各种媒体流,如CCTV 监控图像数据采用文件方式进行存放。

数据备份是指依据所制定的备份策略(完全备份/增量备份/日志备份/时间段备份等),对收费数据和部分重要的系统文件进行备份;数据恢复是指在系统出现故障时,根据需要对收费数据或系统文件进行恢复。

为保证收费数据安全,收费站收费数据采用多级数据备份,分别在车道收费计算机、收费站服务器、分中心服务器、联网中心服务器进行保存,备份方式采用了在线备份,由收费系统自动实现。

CCTV 监控数据采用文件方式进行存放,图像数据的备份采用离线备份,通过监控系统提供的备份工具,如硬盘录像机备份软件,直接将图像文件拷贝到移动存储设备如移动硬盘、光盘等,也可以通过网络,将图像文件复制到另外的地方,作为备份。

当网络产生故障时,收费数据也可以进行手动备份,收费数据的手动备份可以通过数据库管理系统提供的备份工具,按照相应的备份策略,将数据导出到移动设备(如移动硬盘、磁带机等)具体操作方式见数据库使用手册。

收费系统应用程序有时也能提供数据备份工具。在具有相应权限的操作人员登录后,就可以进行备份及数据恢复。

课题二　监控道路通行状况

模块一　分析交通流参数并判断道路通行状况

1. 交通流量特征

公路上的行人或运行的车辆构成行人流或车流,行人流和车流统称为交通流。一般没有特指时的交通流是针对机动车交通流而言的。

交通流定性和定量的特性,称为交通流特征。

交通流特征可以用交通流量、速度和交通密度三大基本参数来描述。

1)交通流量

交通流量是指公路上某一断面在单位时间内通过的车辆数量,如小时交通量、日交通量。根据观测方法和观测时间的不同,最常用的交通量有:年平均日交通量(AADT)、高峰小时交通量(PHV)、平均日交通量(ADT)、日平均小时交通量(DAHV)和第 30 位高峰小时交通量(30thHAHV)。交通量反映了某条公路上的交通负荷,也反映了汽车运输时对公路设施的要求。如 4 车道高速公路设计年平均日交通量为 25000 ~ 55000 辆(标准流量),6 车道高速公路设计年平均日交通量为 45000 ~ 80000 辆等。

(1)年平均日交通量与设计交通量

年平均日交通量(AADT)是一年的总交通量除以 365d,是我国统计公路交通量的通用单位。设计交通量是指拟建公路到预测年限时所能达到的年平均日交通量(辆/d),其值根据交通量预测得到。设计交通量的预测年限规定:国家及省属干线的高速公路应按20年预测。

设计交通量在确定公路等级、论证公路的计划费用或各项结构设计等有重要作用,但不宜直接用于公路几何设计。因为在一年中的每月、每日、每小时交通量都在变化,在某些季节、某些时段可能高出年平均日交通量数倍,所以不宜作为具体设计的依据。在几何设计时,宜采用按小时车流量统计的交通量。

(2)设计小时交通量

设计小时交通量(辆/小时)是以小时为计算时段的交通量,是确定车道数和车道宽度或评价服务水平的依据。大量交通统计数据表明,在一天以及全年期间,每小时交通量的变化是相当大的。如果用一年中最大的高峰小时交通量作为设计依据,会造成浪费,但如果采用日平均小时交通量则不能满足交通需求,造成交通拥挤或阻塞。为使设计交通量的取值既保证交通安全畅通,又能使工程造价经济、合理,借助一年中每小时交通量的变化曲线来指导确定合乎设计使用的小时交通量。

2)车辆速度

单位时间内车辆运行的距离称为速度,单位为m/s、km/h。

3)交通密度

指在某一时刻,某单位长的路段上一条车道或几条车道内的车辆数。

4)交通量、密度与速度的关系

(1)速度V和密度K的关系:$V=a-bk$(式中,a、b为常数)

(2)交通量Q和密度K的关系:$Q=aK-bK^n$($n=2$,为二次函数关系,可用抛物线表示)

(3)交通量Q和速度V的关系

$$Q=V\left(\frac{a-V}{b}\right)=\frac{(aV-V^2)}{b}$$

上式表明速度与交通量的关系曲线同样是一条抛物线。

5)交通量的饱和程度

我国以交通量的饱和程度来衡量公路的通行水平,一般分为三级,其定性规定如下:

(1)交通量未饱和。驾驶操纵不感困难,一般用常速或略减速会车,超车不感觉困难,行车无拥挤或繁忙感,路面养护不感繁重。

(2)交通量接近饱和。驾驶操纵稍感不便,但不过分妨碍行车,超车会车时汽车可以维持一定车速,行车虽稍感拥挤或有繁忙感,但交通秩序尚好,路面养护虽较繁重但可通过改善路况来适应。

(3)交通拥挤。驾驶操纵很困难,有拥挤压车情况,影响会车超车以致换挡频繁,车速低,交通秩序不良,路面养护繁重,只有改善路面类型才能解决。

2. 交通事件分析

高速公路出现各类交通突发事件时,将直接影响交通流量相关参数。由于我国暂无统一的交通事件告警相关定量算法,各软件公司所采取算法效果又不尽如人意,因此以下只做简要定性说明。

1)道路交通事故

交通事故发生后,事故车辆至少占用1~2个车道,将使其后方车辆通行受阻,车速降低,事故地点附近的交通流密度增加,当相关参数超越软件预设值时,将引起系统告警,提示监控员加强相关路段的交通监控管理。

2)实施交通管制

当交通管制实施一段时间后,高速公路上的交通流量将明显减少(主要是相邻联网高速公路流入),车流密度降低,车速将视天气情况将发生变化(强浓雾、路面冰冻、暴雨等天气,车速可能降低等)。

3)道路拥堵

当高速公路上出现交通拥堵等突发事件时,将导致短时间内局部路段交通流量出现分布不均现象,车速降低,交通密度出现明显变化,从而导致系统告警,提示监控员及时通知交(巡)警、路政等部门加强路况巡查与交通疏导,确保行车安全。

在道路监控管理实践中,上述状态一般通过模拟电子显示屏实现。普通状态一般用绿(蓝)色电子模拟交通流表示;告警状态一般用红色电子模拟交通流表示;临界状态一般用黄(橙)色电子模拟交通流表示。

模块二 根据气象分析并发布路况信息

1. 气象基础知识

1)气象、天气与气候的概念

气象是指发生在天空中的风、云、雨、雪、霜、露、虹、晕、闪电、打雷等一切大气的物理现象。

天气是指某个地区短时间(几小时到几天)的气象要素的综合表现。例如,某市某日"最高气温35℃、最低气温24℃、午后有雷阵雨"就属于天气概念。可以说:"今天天气很好,风和日丽,晴空万里;昨天天气很差,风雨交加"等,而不能把这种天气说成是气象。

气候是指某个地区较长时间(几个月至几年或更长时间)内气象要素的统计状态,一般也可以理解为气候是某个地区天气的平均状况及变化特征,如某市"年平均气温为11.8℃、年平均降水量577mm、极端最高气温40.6℃(出现在1961年6月0日)、极端最低气温27.4℃(出现在1966年2月22日)",属于气候概念。

2)主要恶劣天气类型简介

(1)雾

浓雾不像风雨雷电那样惊心动魄,而是以"温柔杀手"的形式给社会经济和人民生活带来许多的不利影响和危害。恶劣天气中,对高速公路安全行车影响最大的也是雾情。

(2)降雪

雪是水的结晶体。天空中的云遇到冷空气,温度下降,水气中在低温和微小尘埃的共同作用下形成冰晶。体积不断增大,密度超过了空气就开始下降,形成降雪。

(3)路面冰冻

积雪一旦被车辆反复辗轧,雪层中的空隙便会急剧减小,从而形成雪渍,又受摩擦作用的影响,表面变得十分光滑,逐渐变成冰。

(4)雨

云是由许多小水滴和小冰晶组成的,雨滴和雪花就是由其增长变大而成的。在水云中,云滴都是小水滴。

(5)台风

台风的成因,至今仍无法十分确定,但已知它是由热带大气内的扰动发展而来的。当近地面最大风速到达或超过每秒17.2公尺时,就称它为台风。

(6)冰雹

冰雹和雨、雪一样都是从云里掉下来的。不过下冰雹的云是一种发展十分强盛的积雨云，而且只有发展特别旺盛的积雨云才可能降冰雹。

(7)沙尘暴

沙尘暴主要由以下三种因素构成：第一，产生大风的条件因素；第二，产生对流层低层强烈垂直不稳定的因素；第三，当地地理环境存在着丰富的沙尘源。

2. 恶劣天气条件下高速公路交通信息发布方案

交通信息发布系统是高速公路交通安全保障体系的重要组成部分，是交通管理者及时向道路使用者发布指令或提供信息、确保行车安全的有效手段。一旦出现恶劣天气或是发生交通事故等特殊情况，可能影响高速公路的正常通行时，交通管理者必须及时通过可变情报板、可变限速标志等设备发布相关信息，配合交通管制措施的实施。它的主要作用是辅助调节主干线上的交通流，参与交通管理与交通调度。广义的交通信息发布系统由可变情报板、可变限速标志、车载移动式交通信息屏、路侧广播、无线广播电台、高速公路客服中心、固定式指示牌等构成。

1)基本思路

公安交(巡)警、路政、高速公路经营管理单位应根据自身管理体制，协调建立健全一路三方共同参与的高速公路交通安全管理与交通信息联动发布方案。遇有恶劣天气、重特大交通事故等，可根据实际情况按照既定预案迅速组织实施。高速公路交通监控指挥中心根据恶劣天气的实际情况及时制订交通信息发布方案，报公安交(巡)警、路政部门审核批准后，及时在高速公路沿线交通信息发布系统设备上发布相关信息，同时协调通过高速公路客服中心、无线广播电台、路侧广播等辅助手段发布信息并上报省级高速公路管理部门，通报相邻路网单位。公安交(巡)警、路政等部门应加强道路巡查工作，加强重点路段、重点时段的巡查工作，并在车载可变情报板上发布交通指示信息。高速公路管理部门应根据所辖路段交通事故的分布特征，在事故多发路段设置固定式指示牌警示驾驶员谨慎驾驶、减速缓行。

2)交通信息分类

根据交通信息发布目的及重要程度，可将交通信息内容划分为A、B、C三类。A类信息为交通管制信息，主要包括交通分流、截流、借道通行、车辆限速、重大突发事件等提示信息；B类信息为特情预警信息，主要包括恶劣天气、交通事故、车辆故障、施工作业及特定宣传内容等提示信息；C类信息为日常提示信息，主要包括高速公路使用常识等提示信息。

3)信息发布程序

(1)信息采集及方案确定

交通监控指挥中心接到交(巡)警、路政、养护、收费站、服务区、驾乘人员或外场监控设备等提供的资讯，经核实确认需要发布交通指示信息的，应根据事件性质、位置、时段，迅速确定所需发布信息的交通信息发布系统设备编号，及时制定信息发布方案，并将相关情况及发布方案向公安交(巡)警、路政等部门报告，经审核授权后，及时在高速公路交通信息发布系统设备上发布相关信息。

(2)信息发布

交通监控指挥中心应根据既定方案，对交通信息发布系统设备进行相应操作；监控员应在相关台账上记录发布信息的内容、时间和发布信息的交通信息发布系统设备编号。协调通过高速公路客服中心、无线广播电台、路侧广播等辅助手段发布信息并上报省级高速公路管理部门，通报相邻路网单位。

A、B类信息发布后应密切关注事件的发展与变化，随时准备进行信息更新或撤销的后续工作。

(3)信息撤销

交通监控指挥中心拟撤销A、B类交通信息发布的，应向公安交(巡)警、路政等部门报告，经审核授权后方可撤销。撤销信息发布时，应注意通告上级相关管理部门和相邻路网单位。

撤销、更新信息应做到及时准确。信息撤销后应在相关台账上记录撤销信息的内容、时间与所使用的交通信息发布系统设备编号。

4)发布条件及内容

(1) A方案

①适用条件

浓雾(能见度小于100m大于50m)、强浓雾(能见度小于50m)且警方要求实施特级交通管制(即封闭交通管制)。

大雪(能见度小于100m大于50m)、暴风雪(能见度小于50m)且警方要求实施特级交通管制。

路面结冰且警方要求实施特级交通管制。

大雨(能见度小于100m大于50m)、暴雨(能见度小于50m)且警方要求实施特级交通管制。

发生交通事故造成堵塞或因事故处置需实施特级交通管制。

发生其他可能影响道路行车安全的突发事件且警方要求实施特级交通管制。

②发布内容

监控员立即在相关CMS上穿插发布："道路关闭！禁止通行！"、"所有车辆就近下高速"、"减速！！减速！！"。

监控员立即在相关SCMS上穿插发布："道路关闭"、"请下高速"。

(2)B方案

①适用条件

浓雾(能见度小于100m大于50m)、强浓雾(能见度小于50m)且警方暂未要求实施特级交通管制。

大雪(能见度小于100m大于50m)、暴风雪(能见度小于50m)且警方暂未要求实施特级交通管制。

路面出现结冰且警方暂未要求实施特级交通管制。

大雨(能见度小于100m大于50m)、暴雨(能见度小于50m)且警方暂未要求实施特级交通管制。

发生交通事故造成堵塞且警方暂未要求实施特级交通管制。

发生其他可能影响道路行车安全的突发事件且警方暂未要求实施特级交通管制。

②发布内容

监控员立即在相关CMS上穿插发布："减速！！减速！！"、"慢行！！慢行！！"、"慢！！慢！！慢！！"。

监控员立即在相关SCMS上穿插发布："谨慎驾驶"、"减速慢行"、"加大车距"、"慢！慢！"。

(3)C 方案

①适用条件如下:

大雾(能见度小于 500m 大于 200m)、浓雾(能见度小于 200m 大于 100m)。

小雪(能见度小于 500m 大于 200m)、中雪(能见度小于 200m 大于 100m)。

小雨(能见度小于 500m 大于 200m)、中雨(能见度小于 200m 大于 100m)。

发生其他可能对道路行车安全造成轻微影响的突发事件。

②发布内容如下:

监控员立即在相关 CMS 上穿插发布:"××××,谨慎驾驶!"、"××××,减速慢行!"、"××××,加大车距!"。

监控员立即在相关 SCMS 上穿插发布:"××××"、"谨慎驾驶"、"减速慢行"、"加大车距"。

其中,××××为通用部分,监控员可根据实际情况发布相应提示信息,如:"能见度低"、"雪天路滑"、"前方事故"等。

3. 高速公路交通信息发布系统改进思路

高速公路的信息发布系统在实施交通管制措施时是一项非常重要的辅助手段。目前,很多高速公路的可变情报板、可变限速标志等信息发布系统主要设备的布局在公路设计期就已基本确定。由于公路设计人员受投资金额所限或是缺乏高速公路交通管理的实际经验,又没有高速公路的某些实际数据(如交通量、道路使用率等)作为参考,在对信息发布系统进行设计时难免有一些不尽合理的地方。信息发布设备数量偏少、功能相对单一、布局无规律,无法满足交通管理者实际使用的需要,给高速公路的交通管理带来了很大的不便。

高速公路信息发布系统的布局应遵循科学高效、统筹兼顾的原则。理想化的是在每个互通立交、服务区的出入口处均设置可变情报板。考虑到造价及管理上的一系列问题,至少也应在全线主要分流点互通立交的出口以及连接不同高速公路的互通立交入口前方 1.5km 处设立可变情报板。"高速公路~高速公路"衔接互通入口前的可变情报板,可以向需要进入相邻高速公路的驾驶员提供信息,以便于驾驶员提前采取措施。一旦出现恶劣天气或发生特殊交通事故需要实施分流或其他通管制措施,交通管理者即可通过可变情报板发布相应的交通管制指令,配合现场人员及时的实施交通管制措施。

作为传统可变情报板的重要补充,路侧小型可变情报板可以设置于非主要分流点的互通立交出口、服务区的入口以及特大桥附近。设置于互通立交附近的路侧小型可变情报板可以提示驾驶员按照各自的行车标准限速行驶;当因某些原因必须实施分流措施时,则可提示"驶离高速",促使一些自觉性较高的驾驶员自行驶离高速公路,以减轻主要分流点的压力。许多交通流量较大的高速公路服务区的泊车位时常饱和,后来的车辆若不知情况贸然驶入,常常出现进退两难的局面。此时,驾驶员一般多会违章倒车或是停在路边排队等候,其后方驶来车辆稍有不慎,极易发生追尾事故;一旦遇有恶劣天气或是危化品运输车辆事故,其后果更将不堪设想。此处的路侧小型可变情报板亦可起到城市泊车位显示牌的作用,实时显示剩余车位,及时告知驾驶员相关情况,以尽早采取措施,避免进退两难尴尬情况的发生。由于冬季容易出现路面结冰以及道路线形上的一系列原因,特大桥是高速公路交通事故的多发路段,经常会出现种种预料之外的情况。路侧小型可变情报板可以及时向道路使用者传递有关信息,使驾驶员提前采取措施,避免交通事故的发生。

1. 重特大交通突发事件的处置思路

1）果断采取措施切断事故源头，全力阻止事态恶化

恶劣天气条件下高速公路的交通事故如同火灾一般，如不加以有效控制，很快会逐渐蔓延，直至发展成百十辆车连环追尾的灾难性后果。因此，如同灭火的原理一样，恶劣天气一旦发生交通事故，必须果断采取措施切断事故源头，全力阻止事态进一步恶化。现阶段，我国高速公路交通管理部门常采取的做法是让交（巡）警、路政的巡逻车在路侧应急车道不间断的闪警灯、鸣警笛、广播喊话提示，并随着车流缓慢后退，使事故地点后方车辆的驾驶员产生警觉，提前降低车速，尽最大可能避免追尾事故，此种做法简称“车随流退”。为确保安全，应为巡逻车配备在恶劣天气条件下标志异常醒目、光线穿透力特强的灯光提示设备及车载小型可变情报板，在各分流点互通立交前3～5km处设置固定黄色闪光警示灯，增加互通立交处照明灯的数量。高速公路管理部门应配合在距离事故地点最近的可变情报板（CMS）、可变限速标志（CSLS）上发布事故信息及管制指令，要求过往车辆就近驶离高速。

2）就近实施道路双向封闭的交通管制

采取“车随流退”的应急性措施仅能在短时间内起到一定效果。要彻底掐断“火源”，还必须立即实施道路双向封闭的交通管制措施。这是因为部分驾驶员不遵守交通规则，遇有道路堵塞，往往会违章从应急车道超车。当这些车辆到达事故点后由于道路被事故车堵死，进退不得，造成交通完全瘫痪，施救车辆无法直接到达事故现场，必须借反方向车道逆向行驶。为确保施救人员能及时赶至现场展开救援工作，必须果断实施双向管制。具体操作过程中应遵循就近分流的原则。此外还必须在雾区以外分流条件较好的互通立交设立辅助分流点，分流外围交通流。高速公路管理部门应在沿线可变情报板、可变限速标志上发布有关交通堵塞的信息，要求驾驶员自觉驶离高速。

3）警民联动，联合指挥小组及时运转

事故发生后，交（巡）警、高速公路经营管理单位、路政等部门应迅速将相关情况通知领导、专家及有一定处置经验的工作人员，尽早组建事故救援联合指挥小组，并将办公地点设立在信息资源丰富、通讯便利的交通监控指挥中心。警方人员负责与交通部门协调并决策制订交通管制方案，与事故所在地人民政府、公安、消防、救护等部门协调，必要时向其求援。高速公路经营管理单位及路政的有关人员主要负责配合警方实施交通管制，就近调度清障救援力量实施清障作业。

4）抢险救援中的注意事项

（1）预防火灾，隔离现场

施救人员赶到事故现场时，一般都是立即着手抢救伤员，往往却忽视了维持事故现场的秩序。应当注意的是，多车连环追尾事故发生后，势必引起交通堵塞，部分滞留驾乘人员及沿线村民往往会上前围观。此时事故车间距短，破损的车辆难免会出现汽油泄露等情况，一旦遇有火花或是有人乱扔烟头引发火灾，将引起连锁反应，其状势同“火烧连营”，后果不堪设想。另一方面，在抢救卡在事故车中的伤者时，伤员通常由于骨折或内脏破裂等原因大声呼喊，围观人员人多嘴杂，加重施救人员的心理负担，影响救援工作。所以当施救人员赶至事故现场时，务必要特别注意立即隔离现场，并做好防火工作，谨防突发性的火灾引起连锁反应。

（2）超前考虑，预留部分救援人员、设备待命

事故救援联合指挥小组应完善与110、122、119报警台的信息通报与反馈，加强与消防、医疗急救等部门的合作，使交通事故紧急抢救联动机制及时运转，以最快的速度组织力量抢救伤员，全力减少事故造成的人员伤亡。

事故现场的情况往往是瞬息万变，很可能正准备对某辆事故车进行清障时才发现车中还有伤员急需抢救。此时，若再向救援、医疗部门求救，往往为时已晚。因此，事故现场必须有一定数量的消防、救援、清障等机动人员待命，随时准备应对难以预料的突发性事件。

(3)先拖后清，控制性的逐步恢复交通

在事故车辆较多，无法短时间内完成清障作业的情况下，施救人员进行清障作业时，应遵循"先拖后清"的原则，即先将占据超车道、行车道的事故车就近拖至路侧应急车道，使道路恢复通行条件，然后再逐一进行清障作业。

必须要坚持的是只有在客观条件允许的前提条件下才可以开通道路放行车辆。如天气转好，能见度上升或是路面结冰基本融化，道路有两股车道可以通车且道路主线的滞留车辆基本放空后，方可缓慢放行车辆，直至交通逐渐恢复正常。如恶劣天气持续，施救作业本身就十分困难，此时若野蛮作业，"抢时间"盲目开通。欲速则不达，这种主观行为恐怕只会引起更为严重的灾难。

2. 恶劣天气条件下高速公路交通事故预防措施

1)排除主要危险源，变被动为主动，预见性实施管制

西方一些发达国家，对待封闭高速公路非常谨慎，即使遇有恶劣天气，也尽量保持通行，而且其安全状况也相对较好。除与驾驶员自身安全意识等因素相关外，还因为发达国家运输管理严格，超限运输现象相对较轻(超载货车惯性大，制动困难，往往是交通事故的罪魁祸首)。同时，发达国家高速公路的车流构成中，小型车辆所占比重较大，其制动性能又相对较好，所以发生重特大恶性交通事故的概率较小。大客车的乘客人数多，一旦发生意外，很可能出现群死群伤的局面。恶劣天气条件下，危险品运输车辆若因发生事故导致泄露，其处置难度极大，施救人员又难以及时赶到现场，事故的后果更是难以预测。因此，一旦出现恶劣天气，高速公路管理部门应立即加强对主要危险源(包括货车、大客车与危化品运输车辆)的监管，提前对这些车辆采取管制措施，将车流构成化规为以小型车辆为主，从源头抓起，尽最大可能预防事故的发生。

2)恶劣天气条件下高速公路的等级化管理与单向开通

目前，我国较早的科学实施恶劣天气交通事故危险源系统化管理做法的主要有江苏省的恶劣天气高速公路分级管制方案。其核心原理是：在不同能见度下放行不同类型的车辆，即对进入高速公路的车辆进行分类控制，使车流构成形成合理的比例。这种方法还要求能灵活处理情况，在实施管制时，若某互通上行方向路段出现恶劣天气或交通事故，而其下行方向路段行车条件良好，则可实施上行方向关闭、下行方向开通的交通单向开通。

3)充分利用信息资源，加强对道路的监视与控制

高速公路沿线出现恶劣天气时，交通监控指挥中心的工作人员应加强对道路通行条件的监视，交(巡)警、路政人员须加大巡查力度，收费员应主动向驶离高速的驾驶员询问道路实际通行条件状况并上报，充分利用一切信息资源，为及时有效的采取管制措施提供准确信息。

值得注意的是恶劣天气高速公路分级管理在国内尚属新生事物，驾驶员不一定了解管制的具体要求。因此，可变情报板、可变限速标志上应交替发布"道路封闭"、"特级管制"、"请下高速"等指示性信息，不提倡单独发布"×级管制"等专业命令式信息。

4）收费站、服务区的应对措施

恶劣天气出现后，收费站应做好提示工作，入口车道的收费员应提醒司机减速慢行并向其发放“恶劣天气警示卡”。同时，应禁止“三超”车、特型车及危化品运输车辆进入高速公路。当接到执行封闭管制的指令后，收费站应及时关闭入口车道，并配合交（巡）警、路政做好车辆的疏导工作。涉及高速公路主线分流的收费站应增开出口车道，以避免因主线堵塞而引发事故。如果只是实施部分路段的封闭，出口处的收费员还应提示驾驶员可以从何处再次进入高速公路。

服务区是恶劣气候条件下未能及时驶离高速公路车辆惟一的“避风港”。恶劣天气初期，应派专人指挥进入服务区的车辆，使其有序停放。不提倡过早引导车辆进入服务区，因为随着恶劣天气的持续，将有越来越多的车辆驶入服务区。服务区的容量是有限的，如初期就停留了很多车辆，势必造成车满为患，后来的车辆无处可停，以至被迫停在路边，更加容易导致交通事故的发生。当雾情持续了一段时间后，高速公路主线上的车流较少时，则应通过可变情报板发布提示信息，引导车辆进入服务区。封闭管制期间，加油站要做好防火工作，危化品运输车辆应停放在远离建筑物和其他车辆的指定地点，并要求其押运员随车监管。

5）冰雪天气如何实施交通管制

冰雪天气如何实施交通管制是十分值得商榷的问题。当路面出现严重冰冻时，若不及时实施封闭管制，往往导致事故频发。另一方面，在气温不是很低时如过早实施封闭管制，道路上没有车辆通过，积雪不易融化，容易出现冰冻路面，延误道路开通，同样也不利于行车安全。

实践表明，可行的方案是：当气温在 $-2\sim-1$℃以上，降雪量在中雪以下时，道路实施一级管制，同时要求养护部门在桥梁、涵洞、互通立交等容易产生路面结冰的部位重点播撒融雪剂，最大限度的预防出现冰冻路面。如果天气有进一步恶化的趋势时，还是应提前实施特级（封闭）管制措施，确保安全。

3. 近未来的事故预防体系构想

1）车载短信（语音）交通导航系统

随着手机的普及，手机短信已成为人们日常生活的组成部分。目前的可变情报板、可变限速标志最大的缺陷就是在浓雾天气能见度极低时，使用效果很不理想。较为可行的改良方案是效仿高速公路建立之初时规定进入高速公路的车辆必须安装后置防雾灯的做法，要求所有进入高速公路的车辆必须安装车载短信（语音）交通导航系统。该系统须配备红黄绿三色指示灯及短信显示屏（扬声器）。当高速公路出现恶劣天气时，交通管理部门可及时通过交通导航系统发布管制指令。如红灯闪烁代表天气恶劣，道路不具备通行条件，要求司机立即就近驶离高速；黄灯闪烁代表行车条件不良，要求驾驶员减速慢行；绿灯则代表路况良好，可正常通行；具体的限速指令及管制方式可通过短信（语音）系统发布。

2）交通管理部门与媒体联动，建立全国联网的交通广播体系

在江苏、浙江等省份，全省联网的交通广播电台已经成为广大驾乘人员出行的重要参考。作为一种新兴的交通信息发布系统，无线广播电台具有接收面广、信息发布及时、形式活泼、听众易于接受等特点，是可变情报板的重要补充。未来可考虑建立全国联网的交通广播体系，加强交通管理部门与媒体的联动，充分利用信息资源，使广大驾乘人员在进入高速公路前就能得知路况信息，提前选择行车路线。

3）配备空中救援力量，建立立体化的施救网络

国外一些发达国家在发生重特大交通事故，道路完全堵塞，施救人员无法赶至事故现场抢救伤员时，往往动用高速公路管理部门自备的直升飞机进行施救。我们可以借鉴国外的做法，以某一高速公路路网为单位，在路网中心地区设立空中救援中心，配备一定数量的直升飞机，并与周边城镇的医疗急救部门合作，建立立体化的施救网络，实行资源共享，费用共担，合理调配，提高救援效率与设备使用率。

4）交管、运政、纪检、环保、工商、保险联动，通过经济杠杆制裁交通事故多发企业（个人）

实践表明，恶劣天气高速公路交通事故的主要原因是超速行驶与疲劳驾驶，可控性很强。因此，制订一定的政策，通过经济杠杆，使驾驶员逐渐养成恶劣天气严格遵守限速管理规定的习惯。如高速公路公安交管部门定期把有超速行驶、疲劳驾驶、占用应急车道行驶等严重违章行为的车辆列出详细违章记录，通报车辆所在地交管部门，依法追究当事人责任，予以严厉处罚。对于某些企业屡屡发生事故、视交通安全为儿戏的情况，交管部门可与工商、保险部门联动，将这类企业的信用等级降低，把企业发生交通事故和严重违章的相关信息与企业信用系统挂钩，利用经济手段和信用机制，使不重视交通安全、屡屡发生交通事故的企业在经济活动中受到限制，迫使其从“要我安全”向“我要安全”转变。

课题三　采集和发布信息

模块一　信息公告编写规范与版面设计

1. 信息公告编写规范

1）编制内容说明

（1）范围

本标准规定了高速公路可变信息标志信息的分类、编码方法、显示内容、控制、管理等，适用于高速公路 CMS 信息的显示和管理，而其他道路以及公路大桥、隧道等所使用的 CMS 均可参照使用。

（2）高速公路信息的分类

高速公路信息的分类应遵循科学性、系统性、可扩展性、兼容性和综合实用性等基本原则。为了便于高速公路 CMS 的管理和交流，在研究和分析 CMS 信息特点的基础上，本标准将高速公路 CMS 的信息分为行车须知信息、特殊时段信息、道路状况信息、天气预警信息和其他信息共 5 类。

2）信息编码表示方法

高速公路的信息分类编码应符合《标准化工作导则 信息分类编码的基本原则和方法》（GB/T 7027—2002）的有关规定。

（1）信息编码表示方法

高速公路可变信息标志信息的编码由 6 位数字型信息代码组成（图 2-10）。

示例 1：信息代码 111021 表示“提示性信息”中的“请系好安全带保持安全车距”。

示例 2：信息代码 112601 表示“法规性信息”中的“严禁超速”。

（2）信息库代码

信息库代码为一位数字型代码，按先后顺序排列，见表 2-9。

信 息 库 代 码 表 表 2-9

代码	名　　称	代码	名　　称
1	行车须知信息	4	天气预警信息
2	特殊时段信息	5	其他信息
3	道路状况信息		

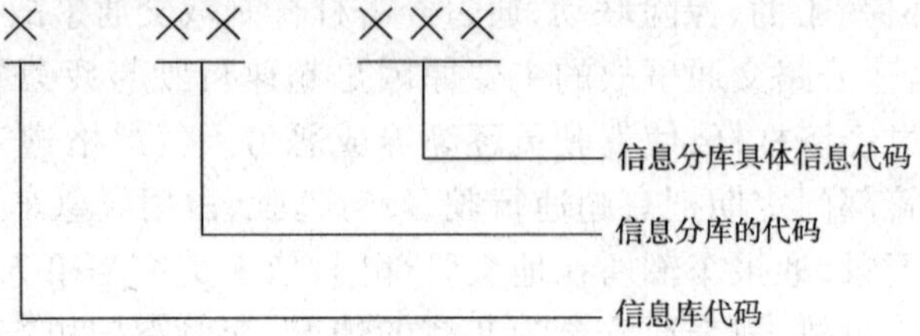

图 2-10　信息代码组成

(3)信息分库代码

信息分库代码为二位数字型代码,按先后顺序排列,见表 2-10。

信息分库代码表 表 2-10

代码	名　　称	代码	名　　称
11	提示性信息	34	交通事故信息
12	法规性信息	35	货物溢散、滚落信息
⋮		36	道路施工、养护信息
21	黄昏/黎明常用信息	37	交通管制信息
22	夜间常用信息	⋮	
23	高温季节常用信息	41	雨天信息
24	春困常用信息	42	冰雪天信息
25	春运期间常用信息	43	雾天信息
⋮		44	台风信息
31	服务信息	⋮	
32	水灾信息	51	公益信息
33	塌方、滑坡信息		

(4)具体信息代码

信息分库中具体信息代码用三位数字型代码表示,按先后顺序排列,其中大中型可变信息标志的信息代码为 1 ~ 600,小型可变信息标志的信息代码为 601 ~ 999;无信息内容的代码为自定义代码,由用户根据所管理高速公路的具体情况自行决定和定义。

3)编码的基本原则

信息分类编码应符合以下基本原则:

(1)唯一性

即在一个分类编码标准中,每一个对象仅有一个代码,一个代码只表示惟一一个编码对象。

(2)合理性

代码结构应与分类体系相适应,本标准信息分类采用的是层级分类法,代码采用的是数字型。该型代码具有结构严密、直观性好等特点。

(3)可扩充性

必须留有适当的后备容量，以便适应信息库内容不断扩充的需要。同时，也可以让高速公路的管理部门根据各自的道路、车流、行车环境等具体情况，编制和发布相应的信息。

(4)简单性

代码结构应尽量简单，长度应尽量短，以便节省计算机存储空间和减少代码的差错率，同时也能提高计算机数据处理的速度和效率。

(5)适用性

代码应尽可能反映编码对象的特点，这样有助于记忆，便于填写。

(6)规范性

在一个信息分类编码标准中，代码的类型、结构以及代码的编写格式应统一。

4)高速公路 CMS 信息库

高速公路 CMS 信息库包含行车须知信息、特殊时段信息、道路状况信息、天气预警信息和其他信息 5 个信息库。

(1)行车须知信息库

主要是针对高速公路行车特点而发布的有关提醒驾驶员遵守交通规则、避免疲劳驾驶、确保安全行车等高速公路行车须知的信息。

(2)特殊时段信息库

主要是针对每日黄昏/黎明时段、夜间、高温季节、春困季节、春运期间等特殊时段发布的有关提醒安全行车和警告交通事故的信息。

(3)道路状况信息库

主要是针对高速公路使用者发布的道路通行状况信息，以及可能出现的各种异常情况，如交通管制、交通事故、道路养护施工、水灾、滑坡、塌方等有关交通异常情况的警示信息和诱导信息。

(4)天气预警信息库

主要是针对可能出现的风、雨、雾、冰、雪、沙尘暴等恶劣天气时发布的预警信息。

(5)其他信息库

主要是按照高速公路特点和为道路使用者服务而发布的公益信息等。

5)高速公路信息的显示

当汽车在高速公路上行驶的车速达到 110km/h 时，即意味着每秒钟汽车将驶过 30m；当动态视认距离为 210m 时，能够给驾驶员看清楚某条 CMS 信息的时间最多只有 7s，而驾驶员在驾驶汽车的过程中，能够用于看该条信息的时间仅只有 1～2s。因此，为了能够使驾驶员在这短暂而有限的时间内对该条信息留下深刻印象，本标准规定 CMS 显示的信息内容必须清晰、稳定、准确、精练、可读性强，信息的排版应美观大方。当发布的信息为道路状况信息或恶劣天气预警信息时，可采用闪烁的方式显示，从而达到提醒、诱导的效果。

当高速公路 CMS 显示的信息量较大、超过 10 个汉字时，可采取上下两行同时显示的方法发布，也可以将该条信息按语意、字段合理分割成两部分，采用交替显示的方式。

CMS 显示文字标志时，可采用中文或中英文对照的方式，其发光颜色应符合 JT/T 431—2000 中 5.5.3 的规定。显示的彩色图形标志应符合 GB 5768 和 JT 432 的有关规定。

6)高速公路信息的控制

为了对高速公路实施有效的管理，一般均按地域的不同将一条高速公路划分为几个管理区段（即管理处或管理分公司）。因此，对 CMS 也是实行一个控制中心和若干个控制分中心的二级管理模式，对需要发布、撤消、更新的信息实行监控分中心和监控中心集中控制的管理模式。

因此，本标准明确提出：CMS 显示的信息应能够远距离的集中控制和操纵，显示的内容应方便调整，并允许随时添加、删除或修改预存的信息；控制中心应能够实时了解 CMS 的工作状态、显示内容；上级控制中心应能够控制下一级控制中心监控范围内的 CMS 信息管理。

7）高速公路信息的管理

本标准规定：高速公路 CMS 信息的采集、处理、发布、撤消和更新工作应统筹管理，各地区高速公路网络应互通信息，特别是道路状况信息和恶劣天气预警信息，应实现地区高速公路信息资源的共享；在正常情况下，高速公路同一路段发布的信息应避免内容雷同，特殊情况下，重要信息的发布应重复显示或闪烁。

由于信息的采集、处理、发布、撤消和更新的全过程严密有效、规范有序、切实可行，因此本标准对不同信息的采集、处理、发布、撤消和更新均做出了相应的具体规定。

（1）信息采集

（2）信息处理

对于采集到的道路状况信息和天气预警信息，应经检查准确无误后，按照规定的程序和制度及时发布。

（3）信息发布

发布可变信息的标志（以下简称 CMS）的信息时，应首先调用相应信息库中的预存信息，也可以根据具体情况确定编辑临时信息及时发布；发布行车须知信息和特殊路段信息时，应综合考虑 CMS 显示屏所处的地理位置，邻近构造物和道路线形等因素，以及多种 CMS 组合显示信息的问题；对于道路状况信息和天气预警信息，应根据事件地点、范围等，迅速确定需要具体发布的 CMS 信息代码，发布相应信息；当同时有一条以上的信息需要发布时，CMS 信息的显示应按下列优先发布顺序进行管理：道路状况信息，以及事故信息为优先；天气预警信息；特殊时段信息；行车须知信息；其他信息。

（4）信息的撤消和更新

行车须知信息和特殊时段信息属于正常发布信息，信息的撤消和更新按规定程序进行。对于道路状况信息和天气预警信息，应密切关注事件的发展，及时执行已发布信息的更新和撤消工作，并按照规定的程序和制度进行报告。

2. 编制原则

可变信息标志（以下简称 CMS）所发布的信息是道路使用者安全行车指南，其内容应遵循准确、简洁、易懂的原则。然而，清一色、单一化的信息亦会使驾驶员感到厌倦，降低信息发布系统的使用效果。因此，合理的设计一些人性化的交通管理信息，提高交通信息发布方案的适用性，营造一个温馨、舒适的行车环境，对缓解驾驶员的心理疲劳，从而降低高速公路交通事故发生率起着不可忽视的作用。在编制信息时，应统筹考虑以下原则：

1）信息的内容不宜过长

过多的无关信息，可能使驾驶员心情烦躁，分散对信息的注意力，甚至可能错过重要的提示信息；高速行驶时，运动视力使驾驶员的行车视野变得狭窄，形成“隧道视野”效应。因此，可变情报板上发布的文字、图像信息要尽量简洁、居中。经过对可变情报板的相关试验表明：

最佳视认字段为4~6个汉字，一般不宜超过8个汉字。一条好的信息格式应该是分成2~3个字段，中间用空格分开，并尽量居中排列，以便于驾驶员在高速行驶中视认；当一条信息超过8个汉字时，应划分为两行且编排成上下行错落的格式，在可变情报板上双行显示发布，这样的视觉感较好、易视认。对于只能发布单行信息的可变情报板如需要显示发布一条超过8个汉字以上的信息，可以把这条信息按语意、字段合理分割成两部分，采取交替显示的方式，交替时间经过试验验证的最佳值为3s。考虑到驾驶员高速行车中在瞬间能收受的信息有限，对双行显示的可变情报板一般不宜多采用交替显示的方式。

2）信息的发布应做到及时准确

可变情报板是高速公路交通管理者向道路使用者提供信息的重要平台，其信息发布准确、及时与否，不仅仅关系到整个交通信息发布系统的可信度，更直接影响高速公路行车安全。所以必须对信息"采集—处理—发布—撤销"全部过程制定一套严密有效、切实可行、标准规范的管理制度。交通信息的发布应及时、准确、相关，避免因提供过多的无关信息，干扰驾驶员正常操作行驶。当异常情况恢复正常时，要注意及时更新信息内容。如果对异常情况没有确切掌握，最好少发布或不发布交通运行信息，尤其要避免因错发信息而引起误导。

3）信息发布色彩的选择

交通信息发布系统所发布的图文信息，应充分考虑到色彩对视觉的影响。一般情况下，绿色的可视距离比较短，适合发布一般性的提示信息；黄色穿透能力较强，可视距离比较远，在夜间及恶劣天气条件下能较好的起到信息提示的作用；红色的可视距离最远，而且非常醒目，特别适合用于发布重要交通指令信息。交通管理者在发布交通信息时，应考虑高速行驶时驾驶员的生理、心理特征，根据当时的天气、时段等因素，合理的选择信息发布方案，使交通信息具有较强的视觉刺激作用。

4）根据不同季节、时段的特点，选择有针对性的提示信息

不同的季节，不同的时间段，驾驶员的心理状况各有不同。高速公路的交通管理者应根据不同季节、不同时段的实际情况，建立适合各高速公路自身特点的信息语库，制定各季节与时间段适用的信息发布方案。

信息发布方案主要是为黄昏、黎明以及多雾季节、夏季高温、冬季结冰等特定的事故多发时段内，需要向驾驶员提供的有关提示、警告类信息而专门设计制定的。我们可将信息发布时段按照每日24h中不同的时间段的特性划分为黎明、上午、下午、黄昏、夜间5个时间段；又将在某些特定季节里对应的特殊时段一一列出；如此相互穿插，在不同季节乃至不同时段，均能有针对性地发布。例如，每日黎明前后4h是事故的多发时段，可用醒目的黄色或红色发布"黎明前看不见+提高警惕保安全"（+表示换屏显示）、"事故多发时段+请注意行车安全"，"安全在您脚下+生命在您手中"之类的提示信息；夏季中午天气炎热，高速行驶的车辆容易出现爆胎的情况，交通管理者可以发布"天气炎热易爆胎+请进服务区休息"等提示信息，提示司机注意车况，适时休息。

5）交通信息发布应从管理型转向服务型，走人性化发展之路

在保持交通信息发布内容简洁的基础上，还应考虑到信息发布的艺术性。尤其是日常性提示信息，重复率较高，对驾驶员的心理疲劳程度影响大。因此，这方面的信息就更应当委婉而富于人性化。例如，同样是要求驾驶员减速慢行，"请您减速慢行+家人在等您"所起到的提示效果就比生硬的指令式信息"减速慢行+注意安全"要好；又如夏季天气炎热，驾驶员难免会出现一些急躁情绪，适时的发布一些"莫开'英雄车'+莫流'英雄'泪"之类的提示信息，

可以从侧面有效的督促驾驶员遵规守章、耐心驾驶。当然,考虑到信息使用者的实际情况,过于书面性的语言亦不宜过多的使用。

6)加强与无线广播媒体的联动

作为一种新兴的交通信息发布系统,无线广播电台具有接收面广、信息发布及时、形式活泼、听众易于接受等特点,是可变情报板的重要补充。高速公路交通管理者应主动加强与新闻媒体的联动,合理利用信息资源,及时提供、发布信息,使广大驾乘人员在进入高速公路前就能充分享受到细致周到的服务。

3. 版面设计与制作

高速公路上使用的可变限速标志(以下简称 CMS)有大中型和小型两种形式。通常将大中型 CMS 称为大板,其显示的信息量较大;将小型 CMS 称为小板,虽然显示的信息量较小,但是显示方式灵活,显示方式可分为文字、图形、图形 + 文字三种方式,在字数、字体、可读距离、亮度、视角、颜色等要素的选择上,应充分考虑人因工程的要求,符合《高速公路 LED 可变信息标志技术条件》(JT/T 431—2000)和《高速公路 LED 可变限速标志技术条件》(JT/T 432—2000)的规定。

当车速为 100km/h,距标志 200 ~ 250m 以外,驾驶员昼夜应能清晰辨识所显示的图文。为此,要求如下:

(1)图文尺寸

可根据限速标志的数字直径大于或等于 100cm;红色外圆直径大于或对于 140cm;正方形汉字的边长为 64 ~ 96cm。

(2)图文亮度

CMS 所在地的环境背景照度经常变化,太阳直射时最亮,阴雨天较暗,黑夜最暗。视觉分辨能力决定于恰当的亮度对比值 C,过于光亮的标志会像眩光一样刺眼,不仅引起视觉不舒适,反而会降低分辨率。

(3)图文颜色

为了在雾、雨等不良气候条件下仍能辨识信息,信息板的底色应为黑色,图文应为黄色、琥珀色或其他颜色,可以用闪烁信号增加对视觉的刺激强度。

(4)显示长度

试验表明,距标志 50 ~ 250m 范围内,驾驶员辨识图文的仰角应不小于 4°,图文长度构成的水平视角应小于 12°。因此,文字显示最多为 8 ~ 10 个,文字行的中心线距路面高为 6.3 ~ 6.8m。

(5)切换时间

如果中文和西文信息都要显示,则需要间隔一定的时间切换信号。信号持续显示时间通常为 60 ~ 120s,切换时间可选取为 0.1 ~ 2s。

同时,CMS 所显示的信息应具有以下特点:

①明显性。必须能够明显地吸引道路使用者的注意。

②易读性。必须能让道路使用者在有效的距离和时间内清楚地读取所显示的信息。

③可靠性。信息的来源可靠,让道路使用者信赖,并及时采取相应的行动或措施。

模块二 审查信息公告内容

当信息公告一切准备就绪,待发布时,还需对公告的内容进行如下审查:

(1)是否拥护宪法所确定的基本原则的。

(2)是否有危害国家安全，泄露国家秘密，颠覆国家政权，破坏国家统一的内容。
(3)是否损害国家荣誉和利益。
(4)是否有煽动民族仇恨、民族歧视，破坏民族团结的内容。
(5)是否破坏国家宗教政策，宣扬邪教和封建迷信的。
(6)是否有散布谣言，扰乱社会秩序，破坏社会稳定的内容。
(7)是否散布淫秽、色情、赌博、暴力、凶杀、恐怖或者教唆犯罪的。
(8)是否侮辱或者诽谤他人，侵害他人合法权益的。
(9)是否含有法律、行政法规禁止的其他内容的。
(10)是否带有任何性挑衅和性暗示性的图片。

课题四　诊断与排除设备故障

模块一　高速公路通信系统技术基本知识

光端设备主要包括光发射机、接收机、光纤连接器、光纤放大器、光再生中继器、光经耦合器等设备是光通信系统中的传输设备，主要是进行光电转换及传输功用。按照传输模式的不同有单模光端机和多模光端机之分。光端设备的选用主要考虑以下几个方面的因素：

(1)要有光纤网络

要使用光端机，首先得有光纤网络。那么用什么样的光纤比较好呢？如果是在原来的网络上进行扩容，则最好还是选用同样的光纤，除非这样做无法实现预期的功能。如果是一个全新的工程，则最好采用单模光纤。可能有人会问，如果传输距离在5km以内，甚至只有3km左右，是不是用多模光纤更好一些？单模光纤由于没有模式色散，能传输更高速的信号和更远的距离，这就是说单模光纤除比多模光纤能传输得远外，还具有更大的传输容量。从另外两个方面说，目前单模光纤的价格已低于多模光纤了，而由于激光器、PIN和APD等在大量使用，这些用于单模光纤传输的有源器件的价格也在不断下降，与相应的多模器件的价格已无明显的差异。还有就是在光纤接续方面，目前用于单模光纤熔接的设备已完全自动化和小型化，且接续效果极好，这样的熔接设备已被广泛使用。因此，以前在小范围的工程中选用多模光纤的理由基本上已经不存在了，更何况现在有很多工程覆盖的范围达上百公里，只能选用单模光纤。

(2)选用基于哪种技术的光端机

从发送到光纤上的信号来分，目前的光端机可分为基于模拟技术的光端机和基于数字技术的光端机，前者简称模拟光端机，后者则简称数字光端机。模拟光端机可谓是历史悠久，从各方面对其进行论述的文章也不少，其工作原理不外乎调制解调、滤波和信号混合等。不论是LED还是LD，其光电调制特性都不是线性的，如光纤CATV的发射机中就采用了十分复杂的预失真补偿电路，这个电路几乎要占到发射机成本的一半，目的就是要补偿LD的非线性，从而尽量少产生高次频率成份，避免或减少频道间的干扰。从实际工程中也可以看到，只传输1路视频信号的模拟光端机是能够传输送较远的距离且获得比较好的信号质量的，但如果是传输多路视频信号的模拟光端机，其传输距离和信号质量都有较大幅度的下降。是否可以用背靠背中继的方式延长传输距离呢？由于模拟光端机采用的是模拟的传输方式，不可能在中继的位置对前面已引入的噪声进行抑制。结果是若两套同类型的光端机进行这种中继，则信噪比会下降3dB。

数字光端机的情况就不同了。用数字光端机进行传输，光纤中只有“有光”和“无光”两种状态，因而对光源的线性要求不高或几乎没有要求，而只是要求其开关速度。目前最普通的激光器的开关速度也能达到千兆/秒的量级。当光纤传输的速率增高时，接收端的接收灵敏度会下降，这会影响多通道光端机的传输性能。然而，数字光端机是可以进行再生中继的。所谓再生中继，就是在中继点将信号完全还原出来，几乎不产生任何失真，然后再以同样的方式向下传输。由于光纤中只有“有光”和“没光”两种状态，只要不等到接收到的光功率已超出接收灵敏度的范围，要将信号检测且正确恢复出来是可以理解的。这不难从电话通信中得到证实。由于目前的电话网干线传输全部采用了数字传输和数字再生中继技术，不论是在地球的哪两个地方，只要是用有线电话进行通话，话音的质量几乎与市话的相同，有时甚至还会好一些，只是距离越远会引入越长的延时。

数字光端机还有一个特点就是能比较容易实现多通道、多种信号的混合传输。不论是哪种信号，都可以变成数字信号，只不过是信号的带宽（需要传输的速率）不同而已。如未经过压缩的视频信号一般有135Mb/s，音频信号则只有约1.41Mb/s，经过压缩的音频信号可以只有几kb/s。前面说的是模拟信号，需要经过A/D变换来变成数字信号。如果已经是数字信号，情况又如何呢？如以太网信号可以用125Mb/s的通道进行传输，一个64kb/s的通道能传输约4个9.6kb/s的异步数据信号等。由于数字信号只要能在时间上将它们安排下去，就可以在接收端正确地将它们分拣出来，这在数字通信技术里叫TDM技术。这样，如果采用这种TDM技术，就能很容易实现多通道多种信号的传输。如武汉微创公司就已经开发出一种能在一个光波长通道上传输8路视频、8路音频、8路数据和1端口以太网的产品，且能通过适当的适配器借助设备的音频和数据通道实现开关量和普通电话信号的传输。

可见，在小范围或每个点要求传输的信号不多时，可选用模拟光端机，而且最好只用仅传输1路视频的产品。当需要传输的信号多或种类复杂，或传输的距离过长时，选用数字光端机就较好一些。特别是在光纤有限，需要沿光纤插入信号或取出信号时，可以说只有数字光端机才能做到了。

（3）确定光纤活动连接器接头类型

光纤活动连接器已有很多种类型，按连接头结构型式可分为FC、SC、ST、LC、D4、DIN、MU、MT等型式；按光纤端面形状分有FC、PC（包括SPC或UPC）和APC等类型，而当前应用最广的结构形式只有FC、SC和ST三种。各种型号的连接器都有自己的特点和用途。一般长距离或大容量通信大多使用FC型或SC型连接器，其优点是插入损失小、安装容易、稳定性高。短距离（≤20km）信号传输则较多用ST型连接器，且多用于多模系统，因为其精度要求不高，成本也就较低。在早期的工程中，几乎全部采用ST连接头，这主要与采用模拟光端机和多模光纤有关。后来，在多路视频光端机广泛应用及数字光端机加入的情况下，如果仍毫不犹豫地选用ST连接头，可能就不合适了。比较理想的选择应该是FC连接头，由于它采用螺纹紧固，能提供稳定可靠的连接。SC连接头是插拔式的，工程中可能会误将光纤接头拨下或拨松，给工程施工带来麻烦。

（4）其他辅助功能的选择

现在，光端机除提供视频信号的传输通道外，还能提供丰富的其他信号传输通道，如音频信号、异步数据信号、以太网信号、开关量信号和普通电话信号等。这些信号都可以用电缆直接连接，只是通过光端机连接能传输更远的距离且减少电缆数量，这时光端机在形式上就成了电缆的简单替代。大多数情况确实如此。如一个简单的RS485或RS422的反向控制信号、一个点对点的双向音频信号、一个三线制的用于上位计算机与电子警察连接的RS232信号等，都能通过光端机简单替代电缆实现连接。可是另一些情况就不同了，如普通电话信号中就有－48V的馈电，一些对讲系统除提供供电外，还迭加了控制信号，还有的信号接口形式上看与光端机的类似，实际却不同，如单工RS485和半双工RS485等，这些信号通过电缆直接连接时，系统能正常工作，但如果用光端机的普通功能接口连接，系统就无法正常工作了，这时常常会认为是光端机的接口工作不正常，其实却不然。

因此，在选择配置光端机的辅助功能前先要详细了解系统的连接及各个将要与光端机连接的端口的接口类型、有无通信协议、是单向还是双向、除明确知道的功能外此端口还提不提供如供电等其他功能。要准确地了解这些信息要求对所使用的设备性能有相当充分的掌握。明确了所需的辅助功能，还要确定选用模拟光端机还是数字光端机，这时基本上可以根据视频信道数及辅助功能的多寡来定，当视频通道数多于2个或辅助功能多于2个或相同辅助功能的信道数多于4个，则最好选用数字光端机，否则也可以用模拟光端机。

模块二　仪器设备接地防雷常识

1. 仪器设备防雷技术与措施设置

1）雷电形成及危害

由现代化的电子设备组成的高速公路交通机电系统，在高速公路现代化管理中起着越来越重要的作用。由于高速公路机电系统的点多、面广、线长，既有强电设备，又有大量的监控、通信、传感等弱电设备，外场设备遍布全线各路段，常受到雷电、电磁干扰，电力线路往往要翻山越岭，传输和控制线路经常穿越复杂的地质层面，常受到雷击和电磁干扰的困扰。

就雷电的破坏因素来分，主要有以下三个方面的破坏作用：

①电性质的破坏作用。电性质的破坏作用表现在数十万伏至数百万伏的冲击电压可能毁坏发电机、变压器、断路 器、绝缘子等电气设备，烧坏电线或劈裂电杆，造成大面积停电；绝缘损坏可能引起短路、导致火灾或爆炸事故；还会造成高压窜入低压；引发严重触电事故；雷电流入地时，会在雷击点及其连接的金属部分产生很高的接触电压或跨步电压，造成触电危险等。

②热性质的破坏作用。表现在巨大的雷电流通过导体时，会在极短的时间内产生大量热能，造成易燃品燃烧或金属熔化、飞溅，引起燃烧、火灾或爆炸等现象。如果易燃物品直接遭到雷击，则容易引起火灾或爆炸事故。

③机械性质的破坏作用。表现在被击物遭到破坏，甚至爆裂成碎片。

2）雷电防护技术及措施

（1）雷电防护技术

①泄放保护。泄放是将雷电与雷电电磁脉冲的能量通过大地泄放，即尽可能多、尽可能远地将多余能量在引入通信系统之前泄放入地。

②均衡保护。均衡就是保持系统各部分不产生足以致损的电位差，即系统所在环境及系统本身所有金属导电体的电位在瞬态现象时保持基本相等。

③雷电综合防护。综合防护系统由三部分组成，各部分都有其重要作用，不存在替代性。外部防护，由接闪器、引下线、接地装置组成，可将绝大部分雷电能量直接导入地下泄放。过渡防护，由合理的屏蔽、接地、布线组成，可减少或阻塞通过各入侵通道引入的感应。内部防护，由均压等电位连接、过电压保护组成，可均衡系统电位，限制过电压幅值。

（2）防雷装置

防雷器又称等电位连接器、过电压保护器、浪涌抑制器、突波吸收器、防雷保安器等。

防雷的基本方法为“泄”和“抗”。所谓“ 泄 ”就是因势利导,报导雷电流按预先安排的通道安全地引入大地,以此削弱其能量。“抗”则是通过加强电气设备的绝缘强度,增强设备抵抗雷电破坏的能力。避雷针、避雷线、避雷网、避雷带和避雷器等都是经常采用的防雷装置。一套完整的防雷装置由接闪器（ 针、线、带、网 ）、引下线和接地装置组成。

①接闪器。接闪器是用来接受雷闪的金属体,其形式可分为避雷针、避雷带（ 线 ）和避雷网三类。避雷针主要用来保护露天变配电设备及保护建筑物;避雷线主要用来保护输电线路;避雷带和避雷网主要是用来保护建筑物。

②引下线。引下线的作用是将接闪器接闪的雷电流安全的导引入地,引下线不得少于两根,应沿建筑物外墙敷设,并经最短路径接地。

③接地装置。它是指埋在土壤中起散流作用的导体。垂直埋设的接地体一般采用角钢、钢管、圆钢等,水平埋设的接地体一般采用扁钢、圆钢等。

(3)防雷措施

防雷防灾工作,实行预防为主、防治结合的方针。防雷工程应符合国家有关防雷规范要求,由具有相应防雷工程专业设计或者施工资质的单位承担设计或施工,安装的雷电灾害防护装置（ 即防雷装置 ）应当符合国务院气象主管机构规定的使用要求,使用的防雷产品应经权威检测部门认证。防雷装置实行定期检测,每年一次,对爆炸危险等环境的防雷装置可以半年检测一次,由具有防雷检测资质的单位对防雷装置进行检测。除做好定期防雷装置检测工作外,还要求使用单位做好日常维护工作,发现问题,及时维修或者报告承担防雷装置检测的单位进行及时处理。各种防雷准备工作,应在雷雨季节之前做好。

3)机电系统综合防雷体系

雷电防护是一个系统工程,必须采取综合防雷措施。一要防止直击雷。采用外部防雷,即采用避雷针(避雷带、避雷网)、引下线和接地系统构成外部防雷系统,主要是为了保护建筑物免受雷击引起火灾事故;二要防止感应雷及雷击电磁脉冲。采用完善的综合防雷手段和安装电涌保护器(SPD)系统,在进出建筑物的各保护区上电缆、金属管道上安装连接避雷及过压保护器,并实行等电位连接,以防雷电波侵入各电气通道（电源线、信号线的金属管道等),产生的高电压和浪涌电压对通信设备、网络、信息系统造成的损害,构成完整的综合防雷体系 。

主要方法是采用直击雷防护、等电位连接、均压、滤波、过压过流保护、合理布线、共享接地系统和安装电涌保护装置（SPD）等措施,将雷电过电压、过电流及雷击电磁脉冲消除在设备外 围。根据系统的重要程度、防护对象的性质、发生雷击事故的可能性及其后果,综合考虑各种 因素,室外和室内防雷全面考虑,从电力网高压线路开始,到机电系统的防雷、接地设计等相互配合,并同时兼顾机电系统的电磁兼容的要求,对机电系统进行综合防护。

2. 仪器设备接地措施

电气装置为达到安全和功能的目的,采用接地系统（ 包括接地极、建筑物内设置的总接地端子或接地母线、接地线 ）与大地做电气连接,即接大地;或是电气装置与某一基准电位点做电气连接,即接基准地。

按接地的作用可分为功能性接地和保护性接地。保护电气设备正常运行或电气系统低噪声接地,称为功能性接地。功能性接地有工作接地、逻辑接地、信号接地和屏蔽接地等。为了防止人、畜或设备因电击而造成伤亡或损坏的接地称为保护性接地。

1. 高速公路通信系统功能与组成简介

公路通信系统是高速公路的重要组成部分,是高速公路管理、运营不可缺少的基础设施,是高速公路实现安全、畅通、舒适、经济和高效运营的必要手段,是高速公路现代化管理的支撑系统,它要实现监控系统和收费系统的数据、语音和图像等信息准确而及时的传输,保持高速公路各管理部门之间业务联络通信的畅通,并要为高速公路内部各部门和外界建立必要的联系;同时高速公路通信系统作为交通专用通信网的重要组成部分,是交通信息的主要传输载体,为各种网络服务及会议电视系统提供传输通道。

随着计算机技术、网络技术和通信技术的迅速发展,高速公路通信技术也从简单的无线对讲系统发展到800MHz 无线集群系统,从小容量微波通信发展到 SDH 系列数字光纤传输系统,从单纯的电话业务发展到包括语音、数据和图像等多种信息的综合通信,并从模拟通信向数字通信演变,开始组建先进的宽带综合业务数字(B－ISDN)通信系统。高速公路通信系统一般由程控交换系统、SDH 光同步传输系统、接入网系统、紧急电话系统、光电缆系统、无线对讲系统、通信管道系统、通信电源系统八大系统联合组成,其担负着高速公路联网调度通信的任务,是高速公路机电系统的“服务系统”,也是最重要的系统之一,它是高速公路其他系统的有力基础保障。通信系统为全线业务电话,以及监控、收费系统图像、数据传输提供传输通道,所有的监控图像和收费数据必须依靠通信系统作为基础进行传输。

(1)程控交换系统是营运调度通信平台的心脏,它呈托综合业务接入网及光同步传输系统组成内部业务电话通信系统。

(2)综合业务接入网为沿线各收费站的业务调度提供通信接入接口 。

(3)SDH 光同步传输网为业务传输提供通信链路。各收费站的监控、收费数据均以 SDH 网络 2Mbps 数字链路传输,2M 数字链路提供话音、数据通信、图像传输等业务。

(4)无线通信系统主要为路政管理、收费广场督导指挥、隧道监控管理等。

(5)紧急电话系统为路面故障车辆提供紧急救助通道,采用紧急电话系统方便了用户的使用和管理需要。

(6)光电缆系统及通信管道系统主要是为收费系统、通信系统、监控系统和其他机电系统提供通信物理链路。

(7)通信电源系统主要是为主用通信设备提供动力资源。

2. 通信线(光)缆设备铺设与连接

1)通信线缆铺设

通信线缆铺设主要包括路由选择、管道敷设和检查验收等环节。路由选择是确定线缆铺设的最佳路径,管道敷设就要根据实际的需求和资金量来确定线槽使用材料、管道具体的铺设。目前,国内通信干线的光(电) 缆一般采用采用管道化的对光(电)缆敷设,至今已十分普及。

2)通信线缆设备连接

(1)双胶线连接;

(2)电缆连接;

(3)光缆连接。

光缆连接包括光缆双端连接器的端接、双端跳线和网络设备的连接。光缆的连接方法主要有永久性连接、应急连接与活动连接。

3. 通信设备接口一般故障诊断与排除

1)电路板故障诊断与排除

(1)故障现象:有一个电脑室经常出现一部分电脑不能访问服务器的现象。一开始以为是网络布线不规范和网卡设置被学生修改了,所以机房管理员经常对网线进行测试和重新设置系统的网络配置。但是经过反复维修,这些电脑的网络连接还是时好时坏,到最后,这一组的电脑全部都不能上网了,同时也发现连接这组电脑的交换机的所有连接指示灯都在不规则地乱闪。

(2)故障原因:交换机一般是由主电路板和供电电路板组成,造成这种故障一般都是这两个部分出现了问题。而造成电路板不能正常工作的主要因素有:电路板上的元器件受损或基板不良,硬件工注不合适和硬件更新后以及由于兼容问题而造成的电路板块类型不合适等。

(3)解决方法:首先确定究竟是主电路板还是供电电路板出现问题,先从电源部分开始检查,用万能表在去掉主电路板负载的情况下通电测量,看测量出的指标是否正常,若不正常,则换用一个 AT 电源,输入电源到主电路板,交换机前面板的指示灯恢复正常的亮度和颜色,而所连接这台交换机的电脑正常互访,就说明是供电电路板出现了问题。若以上操作无效的话,问题就应该是出现在主电路板上。

2)端口故障诊断与排除

(1)故障现象:整个网络的运作正常,但个别的机器不能正常通信。

(2)解决方法:一般情况下,端口故障是个别的端口损坏,先检查出现问题的计算机,在排除了端口所连计算机的故障后,可以通过更换所连端口,来判断其是否端口问题,若更换端口后问题能解决的话,再进一步判断是端口的何种缘故。关闭电源后,用酒精棉球清洗端口,如果端口确实被损坏,那就只能更换端口了。此外,无论是光纤端口还是双绞线的 RJ-45 端口,在插拔接头时一定要小心,建议插拔时最好不要带电操作。

3)模块故障诊断与排除

(1)故障现象:交换机是由很多模块组成,如堆叠模块、管理模块(即控制模块)、扩展模块等,这些模块都有不同的外部接口,若发生故障都比较容易发现,有些可以直接查看得出,有的可以通过模块上的指示灯来辨别故障。

(2)解决方法:这些模块发生故障的机率很小,不过一旦出现问题,就会遭受巨大的经济损失,所以在保持电源稳定的前提下,拔插模块或搬运交换机时要加倍小心。在排除此类故障时,首先确保交换机及模块的电源常供应,然后检查各个模块是否插在正确的位置上,最后检查连接模块的线缆是否正常。而解决此类故障的方法,就只能够与相关供应商联系争取更换了。

4)背板故障诊断与排除

(1)故障现象:外部供电环境正常,但交换机的各个内部模块都不能正常工作。

(2)解决方法:如果外部电源正常供电,但交换机的各个内部模块都不能正常工作,那就可能是背板坏了,这种故障的解决方法无他,只有一个,那就是更换背板,因为修复补不了的。为了有效防止这种故障的发生,最重要的是为交换机提供一个符合厂商所提供的标准指标的工作环境。

5)系统数据错误诊断与排除

(1)故障现象:外部供电环境正常,但交换机的各个内部模块都不能正常工作。

(2)解决方法：如果外部电源正常供电，但交换机的各个内部模块都不能正常工作，那就可能是背板坏了，这种故障的解决方法无他，只有一个，那就是更换背板，因为修复补不了的。为了有效防止这种故障的发生，最重要的是为交换机提供一个符合厂商所提供的标准指标的工作环境。

6）配置不当

(1)故障现象：将某工作站连接到交换机上的几个端口后，无法 Ping 通局域网内其他电脑，但桌面上“本地连接”图标仍然显示网络连通。

(2)解决方法：先检查这些被 Ping 的电脑是否安装有防火墙，三层交换机可以设置 VLAN（虚拟局域网），不同 VLAN 内的工作站在没设置路由的情况下无法 Ping 通，因此要修改 VLAN 的设置，使它们在一个 VLAN 中，或设置路由使 VLAN 之间可以通讯。这类故障有时很难发现，需要一定的经验积累，在配置之前，最好先阅读说明书。如果不能确保用户的配置有问题，请先恢复出厂默认配置，然后再一步一步地配置。

7）系统数据错误

(1)故障现象：交换机出现满载、丢包、错包等情况，甚至会造成系统全方位的故障，影响局域网的通信。

(2)解决方法：交换机系统提供了诸如 Web、TFTP 等方式来下载并更新系统，所以有关管理人员要多关注设备厂商的网站，如果推出新的系统或新的补丁，应当及时更新，以防止错误的发生。

模块四　监控设备原理和故障诊断与排除

1. 应急电话原理

高速公路紧急电话系统是为在行驶在高速公路上的事故或故障车辆提供紧急救助的工具，随着现代通信系统的发展，有关人员求助惟一的工具，此时紧急电话就显得特别的重要。其功能特点一是使用户与紧急求助部门取得联系，二是自动确定呼叫者的位置。

1）紧急电话的组成及功能特点

紧急电话系统一般由紧急电话控制台、传输线路（媒介）和紧急电话分机三部分组成。按传输媒质不同可分为有线传输（铜线电缆、光缆）、元线传输（无线电和 GSM 网）两种；从系统的信号传输方式上考虑，可分为模拟信号传输、数模信号传输和数字传输三种。标准化的紧急电话系统有两个主要功能：模拟信号传输方式简单，频带要求低，信噪比小，常用于电缆传输系统中；数字传输方式信号稳定，质量好，但频带要求高，常在光缆传输结构中采用；数模传输模式介于两者之间，目前在无线电波传输和电缆传输结构中都有采用。紧急电话系统的组网方式一般采用以控制台为中心，采用联结器建立若干条支线的星形网，也有利用通信系统的交换机网络分布，通过交换机的语音通道，紧急电话作为交换机网络的普通用户，来实现紧急呼叫的功能。另外利用 GSM 移动网络或无线基地网也是当前紧急电话系统的一种模式。无论采用哪种传输结构和信号方式，其目的都是最大限度的提高系统设备的可靠性，以保证任何条件下的通信线路的畅通。紧急电话系统各个组成部分功能如下：

(1)紧急呼叫亭。坐落在高速公路沿途两侧，要求在任何情况下，呼叫时的操作都很简便，用户只要按动呼叫亭上的呼叫按扭，就立即能同呼叫处理中心的工作人员取得联系，值班员可知道呼叫亭的号码及其在高速公路的位置。

(2)紧急电话控制中心。负责接受用户的呼叫，并以最快的速度通知有关的抢救和抢修部门进行援助,并将所有的事件记录、录制在电脑文件和语音记录设备中;同时中心还负责呼叫系统的运行管理等。

(3)传输线路。一般用长途对称电缆或市话电缆。

2)紧急电话的分类

(1) 总线制

总线制系统结构是,路侧分机由一条总线连接组网,在管理中心设网,这种制式是独立于其他系统的,即是不占用其他系统资源的一种组网方式。但这种组网方式组网简单,日常维护简单,但是总线制紧急电话系统需占用主干管道资源,防雷接地要求较高,假如一台路侧分机故障时就可能会对其他分机产生影响,既而影响整个系统的正常运作。所以,总线制的紧急电话系统故障时可能都是一大片分机不能工作,对系统影响面较大,故总线制多运用于隧道及线路较短的路段,因为隧道线路较短,如在隧道群范围内,有独立隧道监控时,可使用独立的总线制紧急电话系统。

(2)两线制

两线制系统结构是,路侧分机通过已建立的通信系统,使用通信系统空余资源引出用户线至路侧分机处,以用户线的方式作为路侧分机的传输介质,两线制紧急电话是与高速公路通信系统组网紧密联系在一起,接入网或远端模块提供端口资源,话音将通过通信系统传输至紧急电话主机,由网管中心实施对路侧分机的管理和监控。两线制紧急电话系统的优点有:充分利用现有通信资源,组网较简单,维护工作较简单。其系统的缺点有,组网涉及其他系统,如系统出现故障时,维护人员排查较复杂。按接入网的组网结构,每一个通信站都对其附近范围内的路侧分机提供通信接口,如通信系统出现故障,则影响的就是其管理范围内的所有分机。由于线路范围比较大,通常是 10 多台分机,其分机的防雷系统要求也比较高,特别在雷区如发生雷击事件,雷电流也可能通过传输线路,传至通信站造成通信系统设备运行故障。两线制的紧急电话系统由于需利用电缆传输话音信号,所以也需占用干线通信管道资源。

(3)无线制

无线制顾名思义就是无需利用有线介质传输话音的方式,无线制是利用已有的无线 GSM 网络来传输话音,这种制式的路侧分机就相当于一台 GSM 手机,其分机控制电路整合了手机的所有功能,只需放入普通的 SIM 卡就能开通使用,这种方法使用者还可以和无线网络供应商协商,使用 GSM 网络的多种新业务功能,如紧急呼叫等新业务。无线制紧急电话的优点是无须占用管道资源,也可以节省电缆投资,对防雷的要求也较低,因为这种制式各台路侧分机之间没有关联,就算一台发生雷击也不会影响到其他分机的正常运作。无线制系统在日常维护方面也是目前来最简单的一种,无须进行线路维护,只是单机维护就非常简单,因传输线路的 维护由供应商进行,所以也能节省下维护的开支。因使用公用无线网络,其提供的传输质量就相对较稳定,这对系统整个运行都提供了有利的保障。无线制紧急电话的缺点是:无线制的传输是利用 GSM 网络,所以在边远地区及山区,一些无线网络无法覆盖的地区就无法使用,也因为使用无线网络,如无线供应商所提供的网络出现故障的话,则系统将无法使用。

3)紧急电话维护

(1)清洁紧急电话控制台外部灰尘,保持紧急电话系统控制中心设备及机房整洁。检查紧急电话系统自检结果。

(2)检查控制台外部接口与各设备之间的连接状况,断开市电,检查切换是否正常。

(3)每两周巡检一次路侧紧急电话机,主要检查机箱内是否有虫鼠害,密封性能,外壳接

地 是否牢靠,门按键是否完好。检查电话机的送、受话音质,电池供电电压是否正常,线路板是否受潮腐蚀。

(4)检查电缆接头部分和接线盒,保证电缆在紧急电话接线盒内的连接固定牢靠,外观无破损、无虫害,发现问题及时处理。

(5)检查紧急电话电缆管道、电缆沟、管箱、钢管、槽、人井、手井等是否损坏,井盖、槽盖板等是否丢失损坏等。

(6)汇总各类统计报表,报送有关部门并整理归档。

(7)每季度对紧急电话机进行一次声音声压级、待机耗电的电气性能检测,并检查避雷器是否完好。

(8)清理电话外部灰尘,保持太阳能电池板的清洁(如果有)。检查机房电缆连线、配线箱避雷器是否完好。

(9)检查数据库记录数据的准确性,包括电话编号(里程桩号)、事件录入记录、通话录音等内容。

(10)对紧急电话电缆电气性能进行一次全面的检测。

(11)紧急电话防雷地网的检测。

2. 摄像头设置原理

摄像机是闭路电视系统的核心部分,其主要作用是把光信号转换成视频信号。因此,摄像机的性能优劣在很大程度上决定着整个系统的性能。

1)摄像机类型

摄像机的关键部分是摄像器件,目前主要有两类:摄像管(电真空管或阴极射像管)和CCD(Charge Couple Device,电荷耦合器件)。摄像管体积大、价格高,特别是具有不能抗强光照射、抗冲振等缺点,所以现已基本被 CCD 所取代。

摄像机的种类及品种、型号很多,如按图像色彩来分有彩色及黑白摄像机两种。彩色摄像机色彩丰富,图像显得有立体感及临场感;黑白摄像机清晰度高、可靠性好、外界光线适应 范围大、温度、湿度范围较宽及价格低和维护费用少等,所以除需用颜色来区分被摄体的场合外最好选用灵敏度及清晰度都较高的黑白摄像机。

从扫描参数来分,又可将摄像机分成 625 行 50 场、525 行 60 场的摄像机以及高清晰度(高行数)、高速(高场数)、低速慢扫描的摄像机,对于不停车收费所用的摄像机建议采用高速摄像机。

2)镜头

镜头的作用是把被摄景物成像在摄像器件的靶面上,形成清晰的光学影像。它一般是由多片正透镜和负透镜与相应的金属零件组合而成。它的主要光学特性可由三个参数组成,即摄像物镜的焦距、相对孔径和视场角。

(1)焦距和焦距范围

物镜的焦距长短决定被摄景物在成像面上成像的大小,即相当于物与像的比例尺。当对同一距离的同一目标拍摄时,物镜的焦距长则所成的像就小,焦距短则所成的像就大。

镜头大致可分为短焦距镜头(广角镜头)、中焦距镜头和长焦距镜头(望远镜头)。一般地把焦距与成像面对角线尺寸大致相等的镜头称为标准镜头或中焦镜头,例如 1in 摄像机标准镜头是 25mh2/3in 摄像机标准镜头为 16mm 。镜头焦距大于对角线尺寸的镜头称为长焦距镜头,镜头焦距小于对角线尺寸的是短焦距镜头。长焦距镜头主要用于看清楚远处物体的细节,短焦距镜头主要用于环境照明差焦距与最短焦距之比,称为变焦倍率。

在收费电视监视系统设计时,摄像机镜头选择的原则就是如何使固定的或变动的目标在监视器上既能充分显示出其所包含的全部信息,又能达到最合理最经济(即充分利用监视器荧光屏显示面积)的要求。

(2)视场角

摄像镜头的视场决定了成像的空间范围,它由镜头的焦距和所得到的图像尺寸来决定。一般来说,焦距确定,视场角也就确定。反过来也可为确定焦距提供依据,根据所要求观察的目标范围反算出焦距,在范围和距离之间合理确定变焦镜头的焦距范围。

(3)相对孔径

相对孔径是指镜头的孔径与其焦距之比。镜头都标出相对孔径的最大值,如“8mm,1:1.4”表示这是一只镜头焦距为 8mm,最大相对孔径比为 1:1.4,即允许最大入射光束直径为5.7mm 。相对孔径越大,靶面的照度就越大,也就越能适应低的环境照度。

光圈是用相对孔径的倒数来表示的,光圈改变的目的是在于控制光学像面(摄像器件成像面)上的光照强度。光圈控制可以是手动、自动或遥控三种方式。在被摄体照度变化很大,且系统中摄像机数量较多,不可能由遥控者一一进行调整的情况下,就必须考虑使用自动光圈镜头。

3)终端解码器

在收费站监控室,需要对摄像机的变焦镜头、电动云台及防护罩进行遥控。变焦镜头通常有光圈、聚焦、变焦三个电机,可以正反向旋转,6 个动作分别称为 :光圈大、光圈小、聚焦远、聚焦近、变倍进、变倍出。变焦镜头的电机大部分是直流电机,直流电机加反相电压后就会倒转,三个电机用一个公共接地端。

电动云台通常有水平旋转和俯仰两个电机,也可以进行正反向旋转,4 个动作分别称为上、下、左、右。电动云台的电机大部分是交流电机,这种电机有两个绕组,两个绕组有一个公共端,当一个绕组接交流电压时,另一绕组经移相电容接入交流电压,当交流电压分别从两个绕组接入时,电机正向、反向旋转。两个电机的公共端可接在一起。

防护罩的控制包括防护罩加温、降温以及雨刷动作等。在摄像机离控制室比较近的情况下,可用多芯电缆将 10 个动作的控制电压从控制室传到摄像机处。在控制室利用拨动开关将交直流电压加到电机的控制线上。变焦镜头的三个 直流电压需要 4 芯控制线,云台两个交流电机需要 5 芯控制线,一共要 9 芯控制线,如果再 加上防护罩及电源控制就需用 13 芯电缆。

用多芯电缆传送电动云台和变焦镜头的控制电压原理简单,工作可靠,但其缺点是浪费线材且有很多能量消耗在传输电缆上,只适于近距离使用。目前,为了减少控制电缆芯数,在距离较远的场合,常常用计算机进行控制命令的串行传输。

为了对串行命令进行串/并转换、解码以及形成电动云台和变焦镜头的驱动电压,必须 在摄像机附近配置一个终端解码器。它的功能是把由控制室发出的代表控制命令的串行编 码信号解码还原为对摄像机、云台防护罩的具体控制信号。解码器控制的内容包括摄像机的开机和关机;摄像机镜头的光圈大小、变焦、聚焦;云台的水平与垂直方向的转动;防护罩加温、降温以及雨刷动作等等。目前生产的终端解码箱,还具有供给摄像机、云台、防护罩等所需的各类电源的功能。

3. 传感器设置原理

1）环形线圈

（1）工作原理

环形线圈是 20 世纪 60 年代开发出来的检测器，目前在交通检测系统中应用最为广泛，其主要部件有：

①电感环形线圈；

②从路边手孔到检测器电子单元的馈线电缆；

③控制机箱中的检测器电子单元。

环形线圈是个电感元件，与电子单元构成一个协调电子系统，电子单元通过环形线圈产生一个 10～150kHz 的频率。当车辆通过或停在环形线圈上时，改变了线圈的电感量，激发电子电路产生一个输出，从而检测到通过或停在线圈上的车辆。

（2）功能结构

①线圈的电感。环形线圈的检测域可按照设计人员要求任意设计。将线圈的尺寸、圈数以及馈线的长度合在一起计算其电感值，其电感值的大小应在检测要求范围之内。

②线圈的电容。在线圈和线槽之间寄生着电容。电容的大小与线槽密封材料的介电系统成比例。如果封装材料含水或封装不完整（没有完全填满切槽），使水进入切槽，穿透线圈导体之间，电容量就会大大改变，从而使线圈终端得到的等效电感量大大变化。

2）常规气象检测器

气象变化超过一定范围就会影响交通流的正常运行，如平均或瞬时横向风速过高，易破坏行驶稳定性而出现安全事故。同时，气象对车辆排气的扩散（即气象对公路沿线大气污染）影响很大。中小范围的气象可从公路所在地区的气象预报中获得，安装常规气象检测仪器是为了检测公路上空贴地层的气象。下面介绍几种常用的气象检测器。

（1）温度检测器

大气温度测量常采用薄膜工艺制作的铂电阻，路面温度检测常用绕线工艺制作的铂电阻。

（2）湿度检测器

（3）风速、风向检测器

风速检测器的传感元件为安装在轴承上的三个风杯。风杯由碳纤维增强塑料制成，质量轻、强度高，具有优良的动态和抗腐蚀性能。风杯转速由固定在转轴上的磁棒盘及霍尔电路测出并转换成频率，输出信号频率与风速成正比。

（4）雨量检测器

3）能见度检测器

能见度定义为：正常人视力能将目标物从背景中区别出来的最大水平距离。雾、沙尘、烟都会引起能见度的下降。能见度检测器是用来检测能见度的设备。

常规气象检测设备（气压、气温等）种类很多，应选择能连续检测，自动采集数据，显示存储，并有接口可以输出数据的仪器。

4）路面干/湿状态检测器

路面状态检测器将 4 个路面状态检测探头均匀埋设在所检测路面的四周。探头由两组碳纤维导电板制成的电极和电极间的绝缘板组成。采集系统将此电压的测量值划分成 0 至 4 共 5 个等级，表示路面干湿状态。

5）路面积雪厚度检测器

积雪不仅改变路面摩擦系数,加大行驶阻力,减低车速,而且积雪在车轮反复碾压下,极易冰冻。因此,需要及时检测积雪厚度。

4. 自动衡器设置原理

5. 监控设备故障诊断与排除(解码器)

1)电源故障

(1)故障现象:开启交换机后,交换机没有正常运作,而且发现面板上的POWER指示灯并没有亮,而且风扇也不转动。

(2)解决方法:这类问题很容易发现也很容易解决,当发生这种故障时,首先检查电源系统,看看供电插座有没有电流,电压是否正常。要是供电正常的话,那就要检查电源线是否有所损坏,有没有松动等,若电源线损坏的话就更换一条,松动了的话就重新插好。

如果问题还没有解决,那问题就应该落在交换机的电源或者是机内的其他部件损坏了。预防方法也比较简单,首先要做的就是保证外部供电环境的稳定,这可以通过引入独立的电力线来提供独立的电源,并添加稳压器来避免瞬间高压或低压象。

可能的话,建议最好配置UPS系统(不间断电源)。还有的就是采取必要的避雷措施,以防雷电对交换机造成的损害。

2)电话机发生故障类型及排除方法

(1) 电话机有信号音,但不能拨打电话而只能接听电话

首先应检查电话机的P/T(脉冲/音频)开关。由于西宝公路通信系统采用双音频线路,所以电话机的P/T开关应拨在T侧,如在P侧则不能拨打。如果P/T开关位置正确,可能是电话机拨号键有问题,应检查是否有某一按键被卡死,释放即可。否则为话机拨号电路故障。

(2) 拨打电话正常而打进来电话不振铃

应先检查电话机off/on键,有的话机叫闭音键,如开关键在off侧,则应将开关拨在on侧,或再按一次闭音按键,一般情况下电话机可恢复正常使用;如果电话机off/on位置正确,或按闭音键仍不振铃,则应检查电话机的振铃电路,可能是振铃电路出现故障。

(3) 向外拨打电话正常,打进电话时电话机只振半声铃

这种情况一般是由于人为因素使话机做了转移或用户做过转移后忘了撤销而造成的,因为西宝公路通信系统交换机用户有来话跟随功能。排除方法:先提起电话机手柄或打开免提键,出现信号音后按“#5”键即可恢复正常。

(4)多部分机并接,但只有一部可正常使用,其余均杂音很大无法使用这种情况一般是由于能正常使用的这部分机有防盗打功能,将防盗打开关(off/on)拨在关(off)侧即可。

3) 线路发生故障类型及排除方法

(1)拨打、接听电话出现串音、杂音故障或者是拨打电话正常,而来话振铃却似振非振,此时提起电话机手柄,有时能接电话有时又不能接电话这种情况主要是由于线路受潮引起的。如果是大面积用户有类似现象,则为电缆线路故障,受潮部位易发生在人井中电缆包封处;否则为电话线故障,受潮位置一般发生在线路的接头处。检查时应逐段测试、排除,不可盲目剪线。

(2)提起电话机手柄或按免提键,电话机无信号音

一般有两种情况:一种是断线,另一种是混线。首先应测试属于哪一种故障。用一部好电话机拨打有故障电话机,然后听回铃音,如回铃音正常(无人接状态),则为断线故障,若是忙音则为混线。断线故障应检查电话机插头是否松动,如松动则插紧;其次检查接线盒内接头是

否松动或断开。如上述位置均无故障,则属外线故障,需对外线逐一进行测试,找出故障予以排除。混线实际就是线路短路,即两根线连为一体。一般故障点在接头处,检查方法与断线故障相似。先检查室内,后检查室外,逐段排除。

4)设备发生故障类型及排除方法

(1)交换机用户都不能拨打电话

这可能是电源供电系统或交换机系统出现了故障。首先应检查电源系统是否正常,如不正常,则检查电源保护开关是否自动跳闸而未恢复,其次检查整流器、逆变器等相关部位是否发生故障。如果电源系统正常,则属交换系统故障,首先检查交换机的电源板,其次检查用户板及相关的元器件,查清后送交厂家,由厂家维修。

(2)拨打电话经常出错、拨打不出或者是外线用户不能自动拨分机

此类故障是由于交换系统功能设置不当造成的。专业维护人员可根据不同情况在维护终端作相应设置即可。

(3)通话声音小

如果普遍声音很小,可能是电源系统输出电压太低,应调节输出电压,使输出电压恢复正常;否则是个别线路质量有问题,应检查线路。

上述故障除请专业人员排除外,像电话机或室内线路出现的故障,用户可按照上述排障方法自己判断排除,以免造成长时间通信中断。当用户手头没有专用测试仪表或一部好电话机时,也可以用耳塞机或音响之类的设备代替电话机,测试电话线路的好坏。若听到信号音,说明线路是好的,否则为线路故障。同样,可用我们平时使用的电池测试电话机的好坏,用电话机的两个接头同时碰触电池的正负极,若电话机有碰触的吱吱声,说明电话机是好的,否则为电话机故障。

思考题

1. 收费站数据报表的类型是什么?
2. 画出收费站网络拓扑图。
3. 试述雾情等级划分标准及各等级雾情应采取的交通管制类型。
4. 试述恶劣天气可变交通信息发布系统信息发布操作流程。
5. 简述交通监控员在高速公路突发事件处置体系中的作用。
6. 如何编写和发布规范的图文信息?
7. 接地装置和接零装置的要求有哪些?
8. 雷电有哪些破坏作用?
9. 端口故障的排除方法是什么?

单元三　交通量调查

学习目标

通过本单元的学习，使学员了解和掌握交通流量调查管理的基本知识，交通调查数据处理软件的相关知识，交通情况调查仪器的安装、防护、使用与操作，以及 Nu－metrics 公司产品的相关知识。

知识要求

1. 交通情况调查仪器的安装和防护知识；
2. 车辆磁映像检测原理；
3. PCS 永久型交通量检测系统；
4. 车辆磁映像交通流量与分析仪；
5. Nu－metrics 公司产品操作手册；
6. 交通调查数据处理软件的相关知识；
7. 汇编交通情况调查资料知识；
8. 交通调查资料的档案管理和班组管理知识；
9. 常规交通情况调查相关调查内容与方法；
10. 交通量调查非正常情况的处理预案。

技能要求

1. 能组织基本的交通量调查；
2. 掌握常规交通情况调查的内容与方法；
3. 掌握调查非正常情况的处理预案；
4. 能操作调查数据处理软件；
5. 掌握常规交通情况调查报表的编制；
6. 掌握常规交通情况调查资料的汇编方法；
7. 掌握交通情况调查资料档案管理的要求；
8. 能安装和使用交通情况调查仪器；
9. 掌握 Nu－metrics 公司产品操作步骤。

课题一　数据采集系统

模块一　交通情况调查班组管理知识

全国公路交通情况调查工作按照统一领导、分级负责的原则进行管理。组织和领导机构是交通部，各省(自治区、直辖市)交通主管部门负责本省(自治区、直辖市)公路交通量调查工作的组织实施，技术管理，调查资料的采集、汇总工作，并按要求报送相应的统计资料。各类公路的交通量调查要在各省（自治区、直辖市）交通主管部门的领导下，由相应的机构或部门组织进行，并逐级汇总上报。

公路交通情况调查包括常规调查和非常规调查。常规调查包括交通量调查、车速调查和四类公路交通量比重调查等；非常规调查包括轴重调查、起讫点调查、出入界交通量调查、交通事故调查等。

为了保证交通情况调查的顺利实施，按照“合理分工、周密组织、人性管理、有备无患”的原则，采取调查员轮班上岗的方法，考虑按 8 小时一班计，24 小时的交通量调查分 3 班，12 小时的调查分两班。交通量观测点，分 2 个方向进行连续观测，建议每 8 小时为一班，每个观测点每班需要观测员 2 名，每个观测点共需观测员 6 名。交通量观测员的职责为观测经过调查点的交通量。统计全体车辆数，分方向、分车种、分时段（用计数器方法进行统计），需记录的车种共分为 7 类 11 种车型，时段取 1 小时，每小时正点记录数据，然后将计数器归零，重新开始统计。万一计数器发生故障，就在调查表的空白处划“正”字继续记录（技术方案）。

在调查过程中，所有调查人员不得无故私自离岗。若确需离岗，应征得本班负责人员同意，并由他人临时替班。

在调查过程中，所有调查人员必须身穿黄色反光安全警示背心。

调查人员必须严格遵守调查工作制度，不应影响道路的正常运行。

调查人员在交班过程中，应注意资料的及时存档。

模块二　交通量观测站点设置要求

交通量观测站（点）的分布应从全面反映公路网交通流量及其特性出发，充分考虑公路网布局、公路行政等级、技术等级及规划建设等因素，科学合理地设置。

一般公路路段，应设置间隙式交通量观测站。在路段交通量特性能够反映某一区域或路线交通量特性的主要干线路段上，应设置连续式观测站。间隙式和连续式交通量观测站的设置，应考虑在公路网上分布的均匀性、合理性和代表性。高速公路路段，一般应设置连续式观测站。

设置交通量观测站时应遵循以下原则：

（1）从全面反映公路网交通流量及特性出发，结合公路网布局、公路的行政等级、技术等级及公路规划建设等因素，在充分利用原有公路交通量观测站点的基础上，进行科学规划、合理布局。

（2）观测站点应设在交通流比较稳定，流量和特性可代表某个路段区间交通流量和特性的地点，这个路段区间称为观测里程，也称代表路段长度。

代表路段长度应按实际情况确定，一般应不小于 5km，最长不宜大于 50km。代表路段的分界点一般设在交通量明显变化处。原则上各行政区划的分界处应作为代表路段的分界点。省际行政区划分界处必须作为代表路段的分界点。

（3）比重调查、车速调查站（点）设置应尽量与交通量观测站（点）合并设置。

（4）各行政等级公路设置交通量观测站的原则如下：

①在国道（含国道主干线、国家高速公路网，下同）与国道相互交叉点（具有交通量分流功能的交叉口，下同）之间的国道路段上，应设置交通量观测站。

②在每条高速公路上，应至少设置一个交通量观测站。在高速公路与高速公路相互交叉

点之间的高速公路路段上,应设置交通量观测站。

③在每条省道上,至少应设置一个交通量观测站。在省道与国道交叉点前后的省道路段上,均应设置交通量观测站。

④在县道和专用公路(非高速公路)上,原则上应设置一个交通量观测站。

⑤乡道设有交通量观测站点的路线数应不少于乡道路线总数的10% ~20%。

⑥在处于两个县城(或县级以上城市)之间的国道、省道及其他行政等级高速公路之间的路段上,应设置交通量观测站。

(5)交通量观测站的位置应选择在视线开阔,便于安装观测仪器,公路路线纵坡小于2%的直线路段处。

(6)高速公路可利用收费站、监控系统站、养护管理站等设置交通量观测站点。否则,应另设交通量观测站点。

(7)国道交通量观测站的设置、调整,由省级交通主管部门提出方案,报交通部批准。省道交通量观测站的设置、调整由各省(自治区、直辖市)交通厅(局)确定。县道交通量观测站的设置、调整,由地市级(或县级)交通主管部门提出方案,报省交通主管部门批准。乡道交通量观测站的设置、调整,应由县级交通主管部门提出方案,报地市交通主管部门批准。由交通部门管养的专用公路交通量观测站的设置、调整,应由该公路管理部门提出方案,报上级交通主管部门批准;非交通部门管养的专用公路或其他行政等级中的公路,由管养部门提出方案,报同级交通主管部门备案。

连续式交通量观测站的设置应满足下列要求:

①能够准确观测所在路段的交通量。

②能够定性、定量地反映调查路段、路线及其所在区域内交通量分布、变化特征。

③符合国家编制公路网总体布局规划的要求。

④连续式交通量观测站应距大城市出入口8km以上,距中小城市出入口5km以上。

⑤各省(自治区、直辖市)在辖区内的每条国道上应设置连续式交通量观测站。

⑥各省(自治区、直辖市)在辖区内的省道上,应合理设置连续式观测站。

⑦连续式交通量观测站要避开短途运输繁忙的路段及交叉口。

⑧连续式交通量观测站一经设定,其位置不得随意变更、撤消。

⑨连续式交通量观测站应按下列规则(图3-1)由各省统一编号,即:

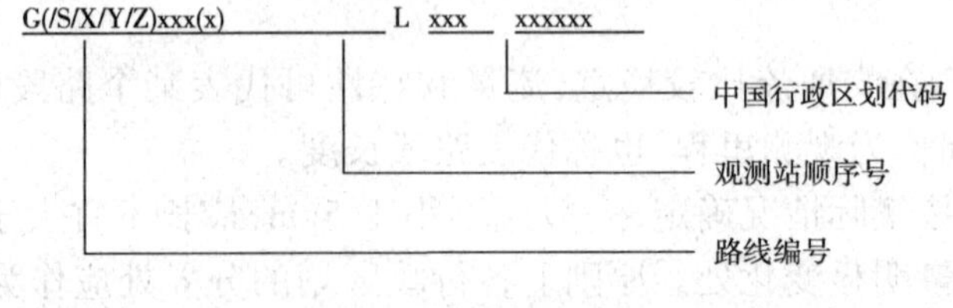

图3-1 连续式交通量观测站编号规则

其中观测站序号由各省(自治区、直辖市)交通主管部门,按照路线进出行政区的方向顺序编号。连续式交通量观测站编号区间为L101 ~ L896,编号间隔为5。在同一省(自治区、直辖市)管辖区内,观测站序号唯一。各观测站的编号也是惟一的,对属于重复路段的观测站编号,按行政等级高的或路线编号在前的路线进行编号。观测站编号不得随意更改。

间隙式交通量观测站的设置应满足下列要求：

①间隙式交通量观测站的分布应与连续式交通量观测站的分布相互协调。

②间隙式交通量观测站应设在断面交通量可反映代表路段交通量的路段。

③间隙式交通量观测站应设置在交通流相对比较稳定的路段。

④每条路线上设置的间隙式交通量观测站的多少，应根据其交通量分布变化的程度而定。

⑤观测站应设在离城镇进出口 5km 以外的地点。

⑥主要干线交叉口之间，至少应设置一个间隙式交通量观测站。

⑦一般路线，平原或微丘区路段间隙式交通量观测站间的间距宜为 20～30km；山区或重丘区路段的间隙式交通量观测站间的间距宜为 30～40km。对于交通量少、城镇稀疏的路段，间隙式交通量观测站间的距离可相应拉长。

⑧间隙式交通量观测站的位置不应随意变更，应保持相对的稳定。

⑨间隙式交通量观测站编号按照下列规则（图 3-2）全国统一编号，即：

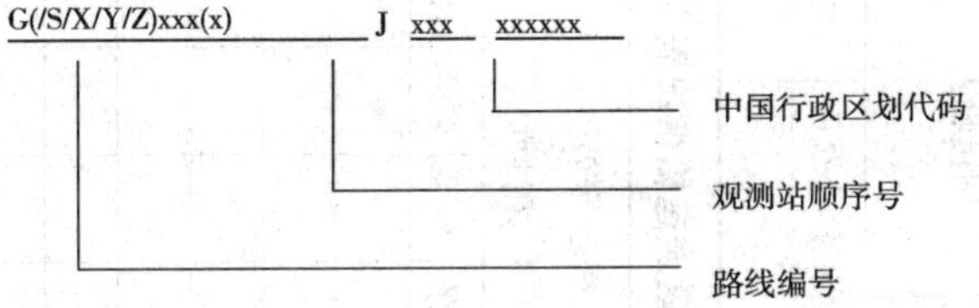

图 3-2　间隙式交通量观测站编号规则

其中观测站序号由各省（自治区、直辖市）交通主管部门，按照路线进出行政区的方向顺序编号。间隙式交通量观测站序号从 J100 开始，序号相间间隔为 2。在同一省（自治区、直辖市）管辖区内，观测站序号唯一。各观测站的编号也是唯一的，对属于重复路段的观测站编号，按行政等级高的或路线编号在前的路线进行编号。观测站编号不得随意更改。

间隙式观测站的设置可采用以下几种形式：

①固定式观测站房；

②简易式观测站房；

③观测车；

④沿线道班房；

⑤交警岗亭、检查站、管理站；

⑥工矿企业和机关单位的警卫室、传达室；

⑦沿线民房、旅馆等。

模块三　常规交通情况调查相关调查内容与方法

1．公路路况调查基本内容与方法

公路路况调查的基本内容主要包括：

（1）交通安全设施，包括标志标线，护栏分隔带等；

分区社会经济情况表

表 3-1

年度	土地面积（km^2）		人口（万人）			产值（万元）							国民收入（元）		主要产品产量(万 t)											
	总面积	耕地	总人口	农业	非农业	总产值	农业	工业	商业	运输业	建筑业	服务业	总值	人均	煤炭	石油	矿石	木材	钢铁	建材	农药	化肥	粮食	棉花	蔬菜	其他

整个对象区域运输情况表

表 3-2

年度	里程（万 km）					客运量（万人）					客运周转量（万人次 km）					货运量（万 t）						货运周期量（万 tkm）					
	公路	铁路	水运	航空	管道	公路	铁路	水运	航空	合计	公路	铁路	水运	航空	合计	公路	铁路	水运	航空	管道	合计	公路	铁路	水运	航空	管道	合计

(2)公路绿化情况；

(3)公路路面宽度、路基宽度、技术等级等；

(4)路面破损情况；

(5)路面平整度，建设年限，维修情况等。

公路路面宽度、路基宽度、技术等级、桩号和观测路段长度等路况资料。

路面宽度、路基宽度和技术等级等，是指在对应观测路段的各技术等级分段中，其里程最长路段的对应路面宽度、路基宽度和技术等级。

这些内容的调查可以通过相关部门了解得到，也可以通过实地考察测量得到。

2. 社会情况调查基本内容与方法

社会经济调查的内容主要包括对象区域的以下指标：

(1)人口：总量、分布、构成、迁移情况、增长情况等；

(2)国民经济：人均收入、投资情况、各产业产值等；

(3)产业：结构、布局；

(4)交通工具：拥有量、构成等。

社会经济调查应包括历史及现状的资料数据，这些资料一般可以从统计部门、交通部门等政府机构获得，获得这些资料后，再根据需要进行适当的加工，表3-1、表3-2是两张地区交通规划用的工作样表，可供加工资料时参考。

模块四　交通量调查非正常情况处置预案

为确保交通量调查的顺利进行，对可能出现的突发事件做出以下说明：

(1)如发生车辆堵塞情况：调查人员应服从交警或路政人员的安排，及时疏导交通，此时的OD调查可采用抽样调查的方式进行，待车辆行驶正常后，恢复正常调查。

(2)如发生交通意外情况：负责人应立即停止该点的调查工作，及时拨打急救电话，确保受伤人员得到及时的救助，待事件处理完毕后，继续调查。另外，调查点负责人必须做好现场情况的记录工作，写明事件发生的时间、地点、事件发生情况、交通调查暂停时间等等，汇同本次调查的资料，一并提交省调查指挥部。

(3)如遇到恶劣天气情况：在调查过程中，如遇到雨、雾、冰、雪等恶劣天气，调查人员必须注意防滑、防寒、防雨等工作。

(4)如遇到交通管制情况：在调查过程中，如发现临时的交通管制或突发的道路维修工作，应及时上报省调查指挥部，同时，调查点负责人应做好记录和上报工作。

(5)如遇到特种车辆情况：在调查过程中，如遇到迎宾车队、军车、警车、消防车、救护车，不进行调查。

课题二　数据整理系统

模块一　交通调查数据处理软件的应用

1. 交通信息采集器软件部分

交通信息采集器软件是指安装在路口机上，负责处理检测数据并与中心服务器通信的软件模块，具有以下功能：

（1）能对设备安装点的交通流量按车道进行检测，能够即时测出通过前端检测设备检测到的车流量、车型和地点车速，处理响应时间小于1s，并且能够通过手提电脑等终端设备即时显示出来，以便系统的测试、调试和日后维护。

（2）根据检测到的平均车速计算道路占有率，实现堵车信息的判定，并能通知系统的服务器，触发相应的事件进行报警。

（3）能够对车型分类、名称、相应的车型识别模型参数的修改；能将分车道、分车型的流量、车速信息即时传回中心服务器，保存放数据的最小时间间隔为1min，并且在整数倍数范围内可调，可接受中心服务器远程的调整指令。

2. 数据管理软件部分

（1）主要功能有：软件功能较为齐全，操作简单，具有较为友好的人机对话界面、电子地图显示相关站点，能通过TCP/IP协议远程采集数据，开放的数据接口和数据格式与交通部的交调软件链接。输入任意日期、时间段可快速查询、打印相关的交调数据。

（2）报表分为连续式观测站交通量日、月、季、年统计报表，连续式观测站分车型、小时、交通量、年统计报表。调查站（点）交通量统计表、调查站（点）路况表、调查站（点）公路服务水平分析表。交通部报表分为国道交通量、国道主干线交通量、省道交通量年报表、汽车平均行驶速度年综合报表。

（3）图型分析统计功能种类为车流量、车型、交通拥挤度（日、月、季、年）。

3. 编制各类统计报表

1）检测中心主要功能

中心计算机房可以通过有线或者无线网络把路口信息采集机采集到的车流量数据提取到后台计算机进行分析，可通过各种图表方式把道路各种车流量信息十分直观的展现到用户面前。

（1）显示车流量数据

用户可以按不同的时间单位（小时，天，月，年）和不同的统计方法（车型，车道），以不同的侧重点分析道路车流量数据。

（2）实时监控

交通信息采集器可以实时的将路口的流量信息传送到信息中心，以便用户实时观测道路情况。

（3）数据接口

本软件为其他软件预留下了两种格式的数据接口，方便用户把流量数据倒入其他软件中（与上海公路管理处和交通部车流量统计软件相兼容），分别为EXCEL和TXT两种格式。

2）实例

以上海市嘉定G204国道观测站作为例子，图上显示的数据均为2003年7月的真实数据。

（1）启动本软件显示画面（图3-3）

（2）路口数据库的建立

在提取数据以前首先要建立提取地点的相关信息，首先点击“数据库维护”中的“路口信息”（图3-4），将会出现以下界面（这是已经添加过路口信息的画面，图3-5），按照要求填写，填写完毕以后单击“确定”加以保存。需要注意的是不管有没有外线号码，第一次添加路口信息时都要填入外线号码进行保存，下次打开该软件时可以根据实际情况删除或者保留。

（3）数据的提取

图 3-3　软件启动显示画面

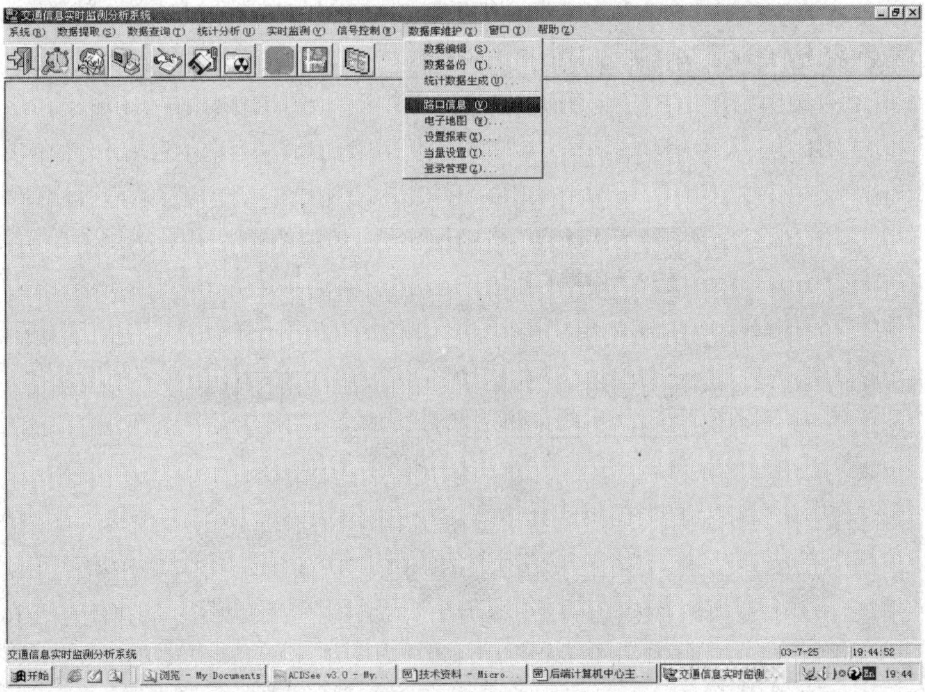

图 3-4　点击“数据库维护”中的“路口信息”

首先点击功能菜单中的“数据提取”项，然后选择是用“串口通信”还是用“电话拨号通信”，点击“电话拨号通信”将出现一个对话框(图 3-6)，在“路口选定”项中选择要提取数据的路口，再选择好时间，如果有测速的观测点也可以把“是否提取速度”选项打勾提取速度信息，在选择好以后点击“提取”便开始提取数据了，数据提取完毕以后会自动关闭。

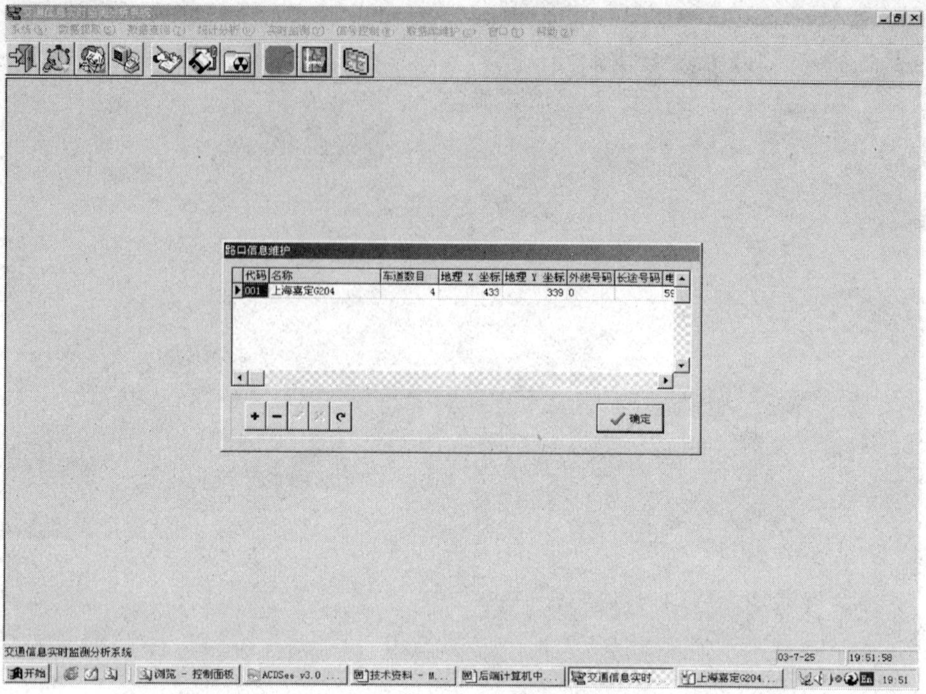

图 3-5　已经添加过路口信息的画面

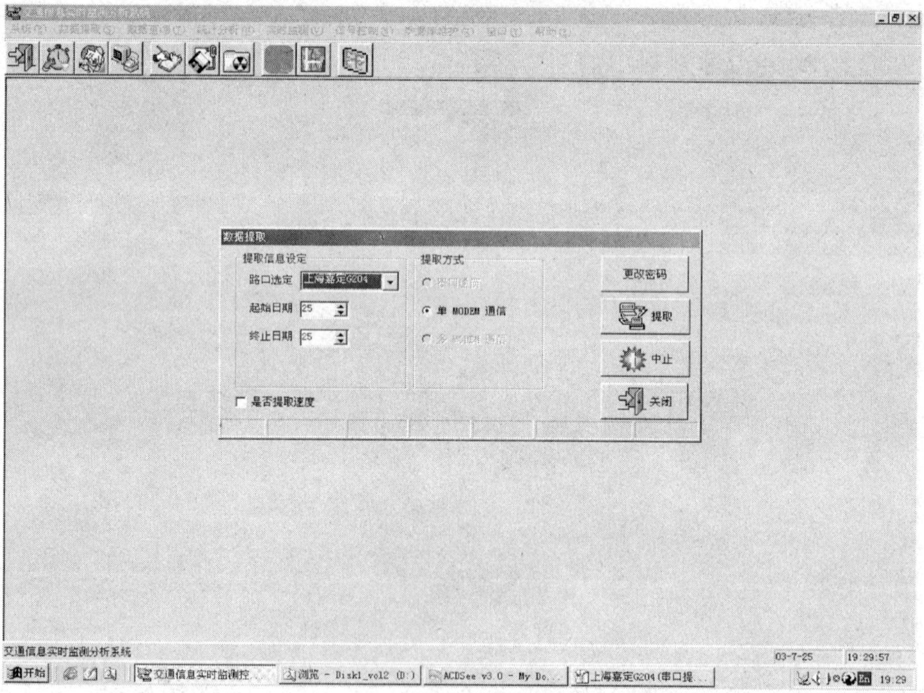

图 3-6　数据的提取

(4)各种图形查看

用户可以按不同的时间单位(小时,天,月,年)和统计方式(车型,车道)查看流量信息,以下主要介绍两种时间查看方法。

①"时变查询"是把一天的流量信息分为 24 个时段进行查看,其具体操作如下:点击"统

计分析”中的“时变查询”，选择好要看的路口与具体时间还有查看方式，其中有曲线、柱形、饼形观测方式。如图 3-7 ~ 图 3-12 所示。

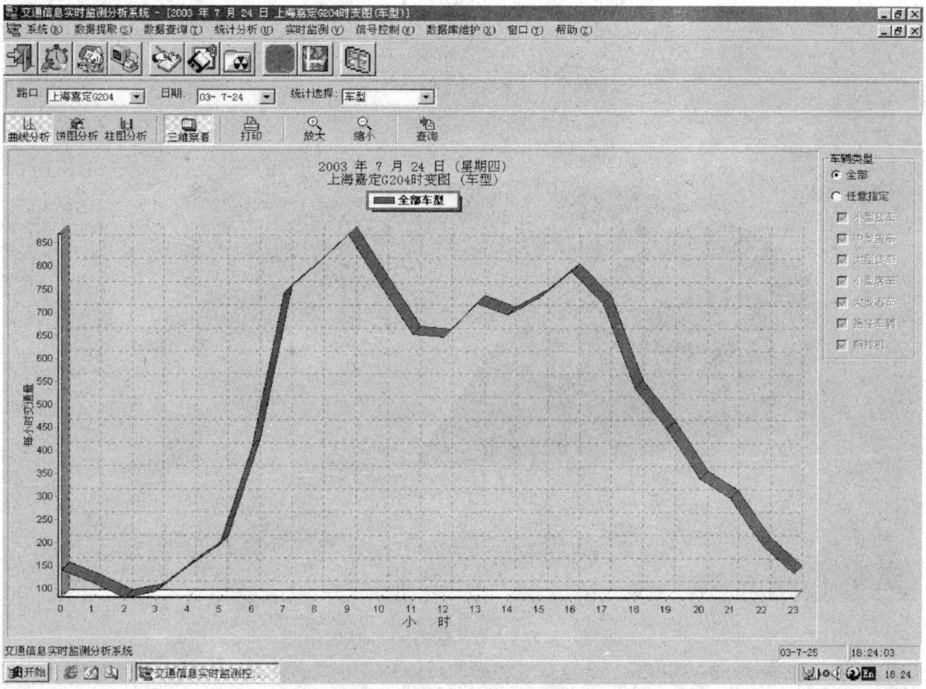

图 3-7　车型方式看高峰流量

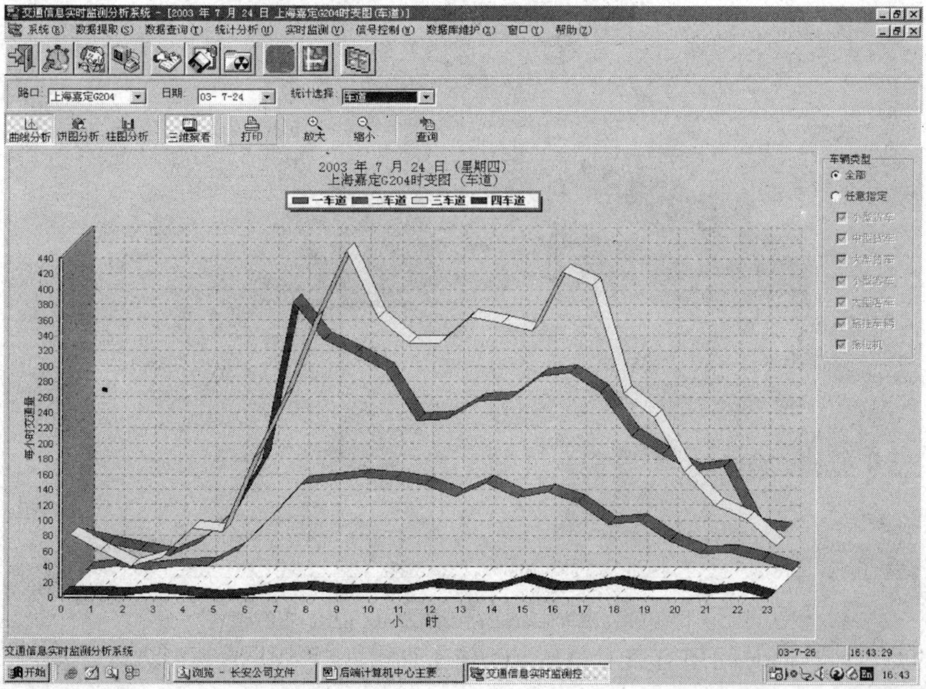

图 3-8　车道方式看每个车道的使用情况

②“月内日变查询”是一个月每天的流量查询，点击“统计分析”中的“月内日变图”，选择

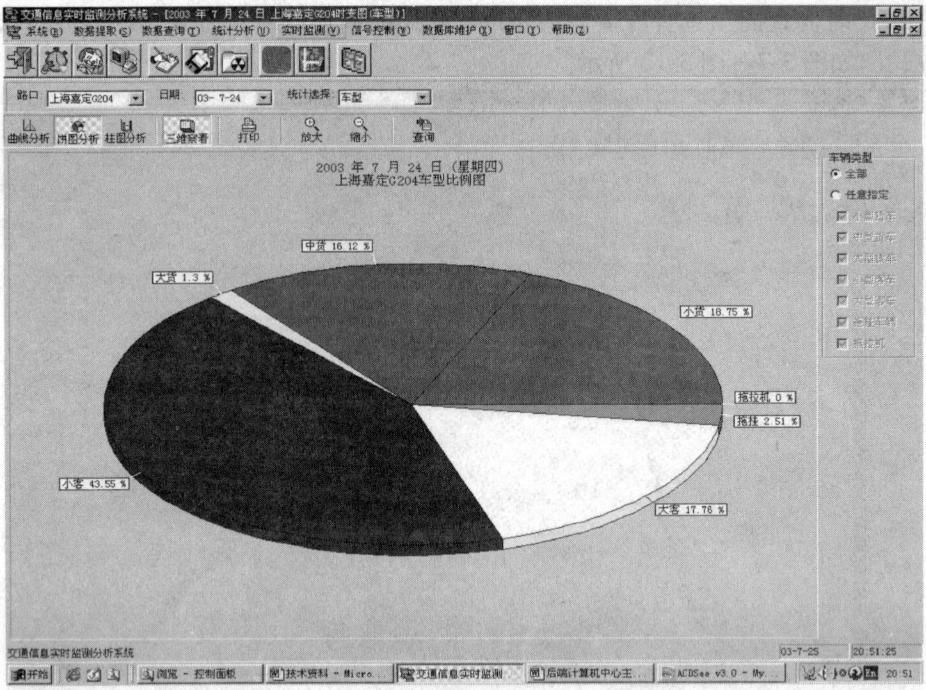

图 3-9　车型方式看每天的车流量构成

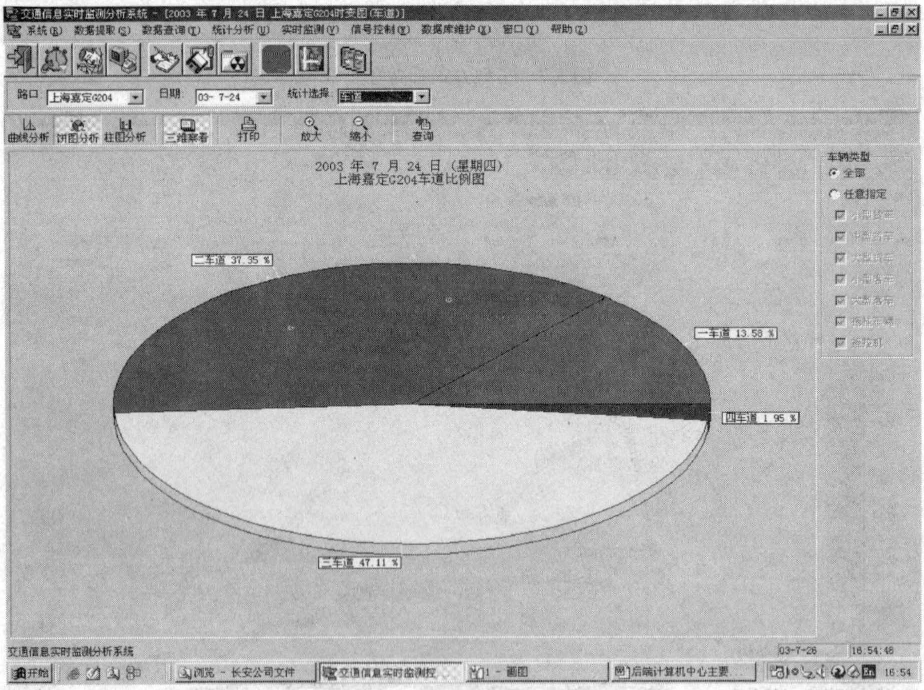

图 3-10　车道方式看每个车道在总流量中所占的比例

好要看的路口与具体时间还有查看方式，其中有曲线、柱形、饼形观测方式。如图 3-13 ~ 图 3-20所示。

（5）报表的查看

在本软件中用户可以直接生成各种报表，方便用户的统计与打印。其具体操作如下：点击

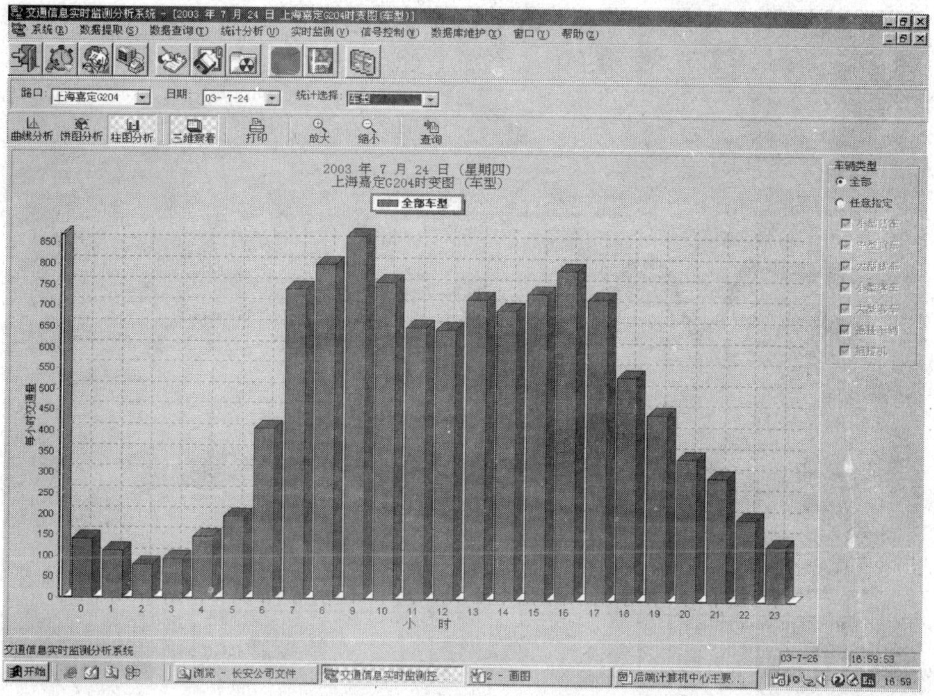

图 3-11　车型方式月内日变查询

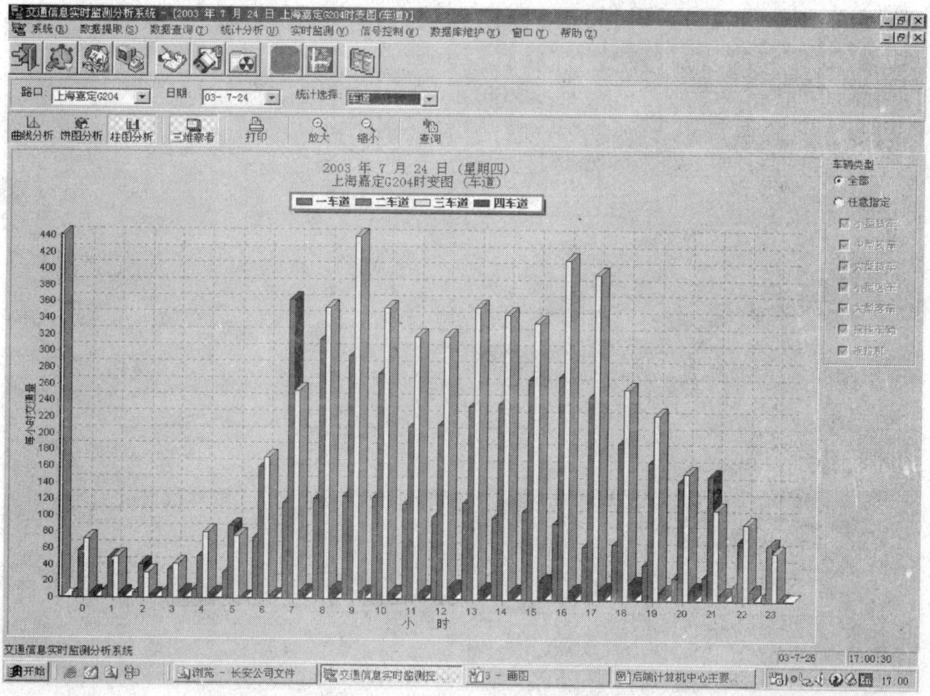

图 3-12　车道方式月内日变查询

“统计分析”中的“日交通流量统计表”、“月交通流量统计表”、“年交通流量统计表”显示的报表是按照交通部对交通量观测数据统计方法制作。

注意:在年报表中我们以嘉定 G204 观测站 7 月份一个月的流量数据为例。

(6)速度的查询

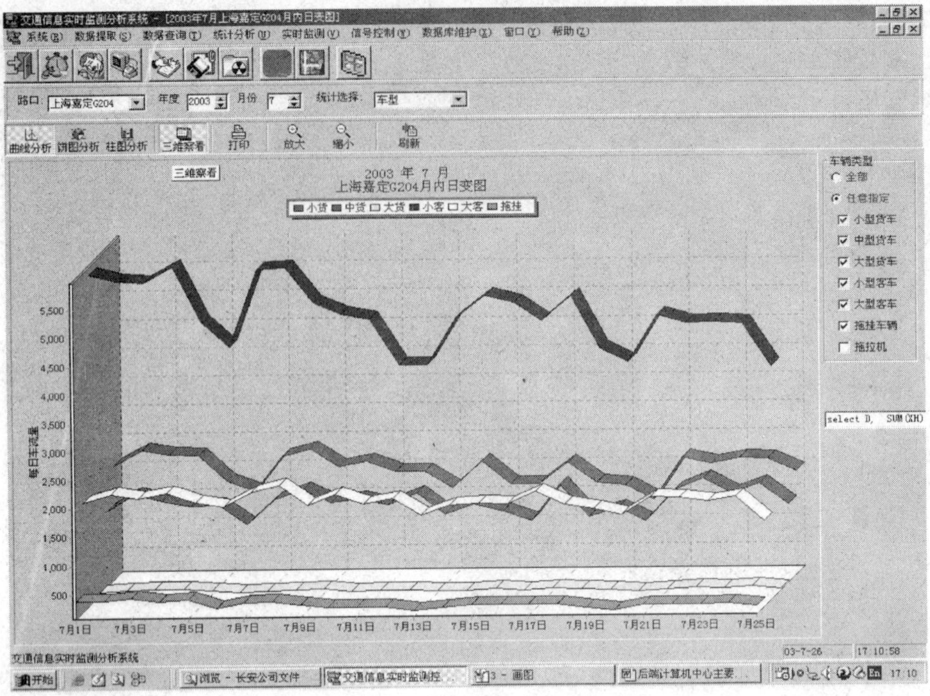

图 3-13 车型方式看每月的流量情况

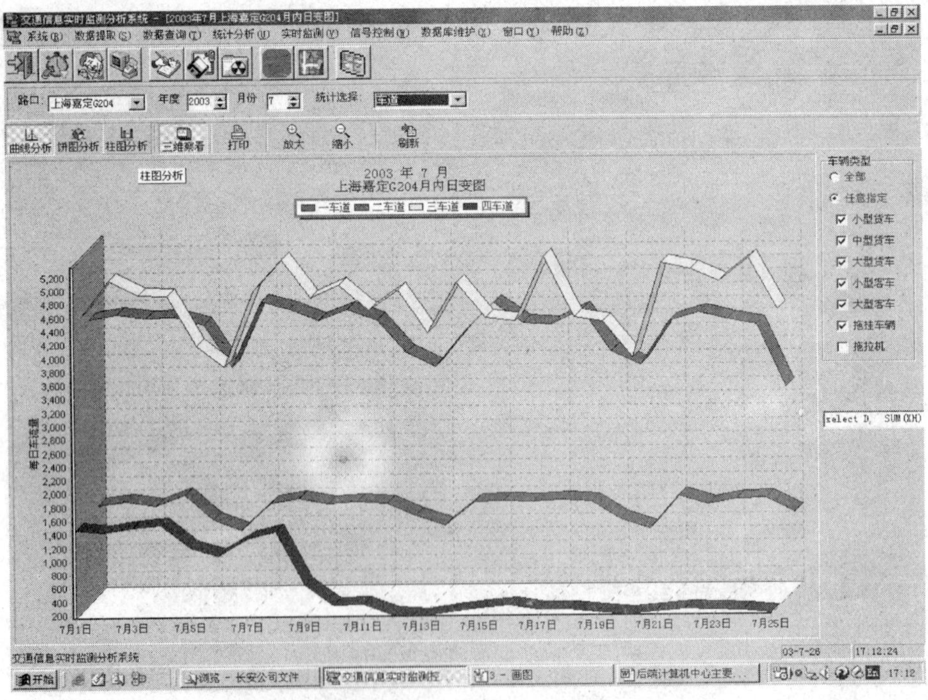

图 3-14 车道方式看每个车道的使用情况

用户可以通过图表的方式知道汽车通过探头时每种车型的平均速度，其具体操作是：点击“数据查询”中的“速度查询”，然后依此选择好路口、时间和查询方式。图 3-21、图 3-22 是上海市嘉定 G204 观测站 2003 年 7 月 24 日的速度资料。

(7)数据接口

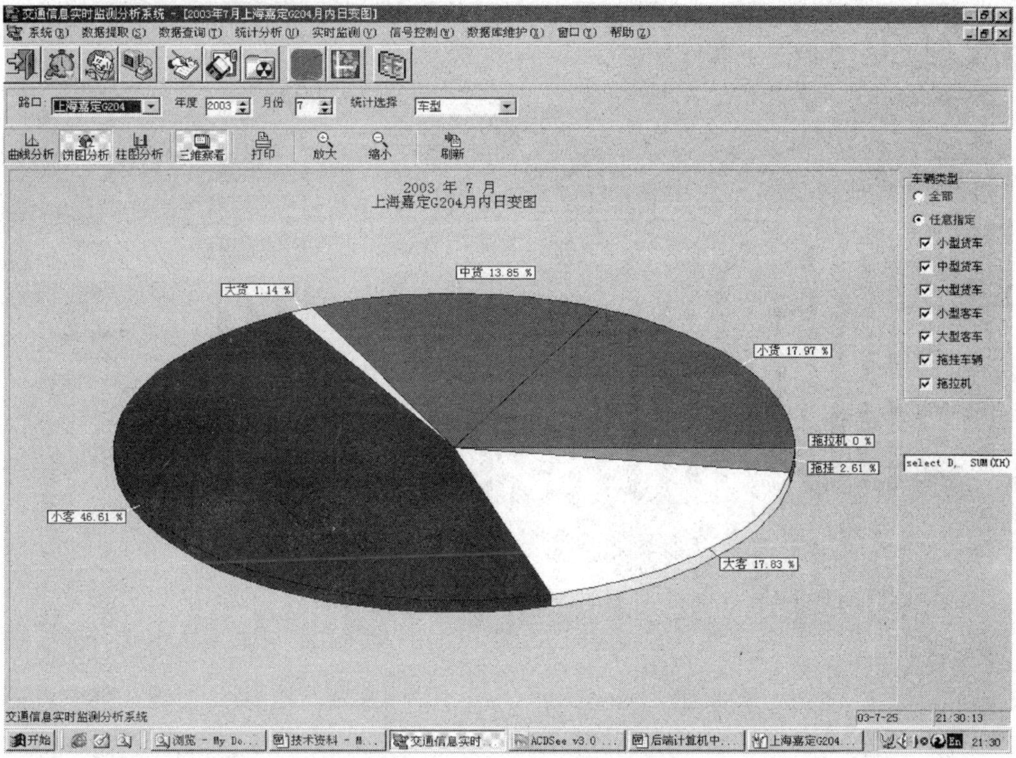

图 3-15　车型方式看每月的车流量构成

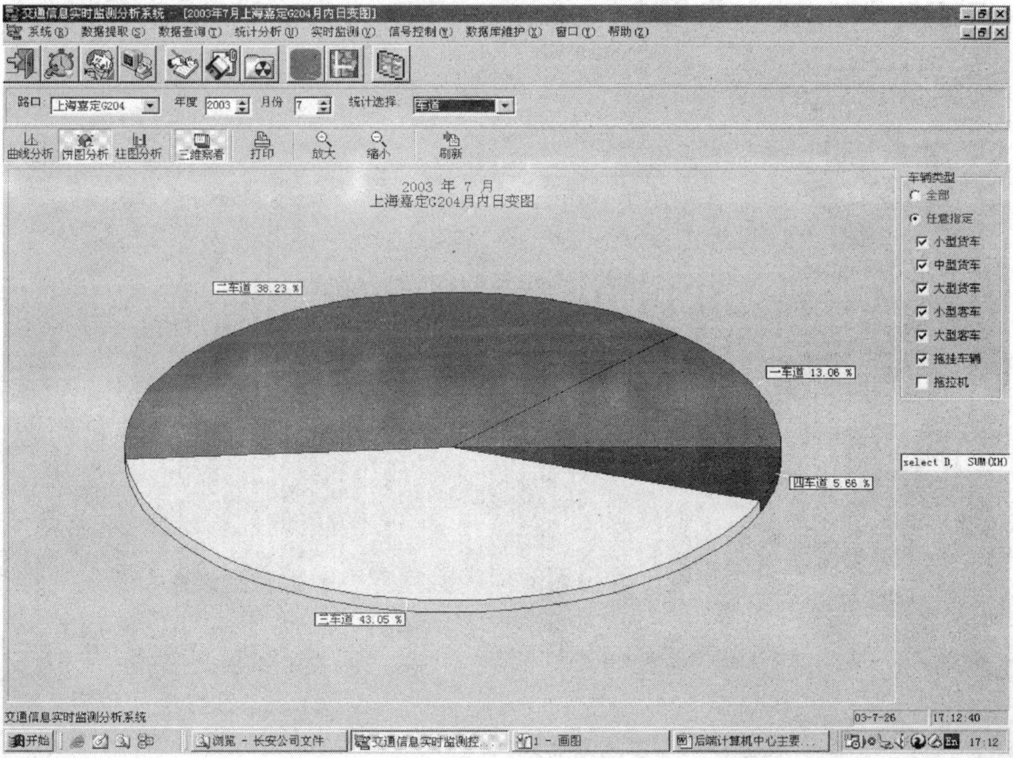

图 3-16　车道方式看每个车道在总流量中所占的比例

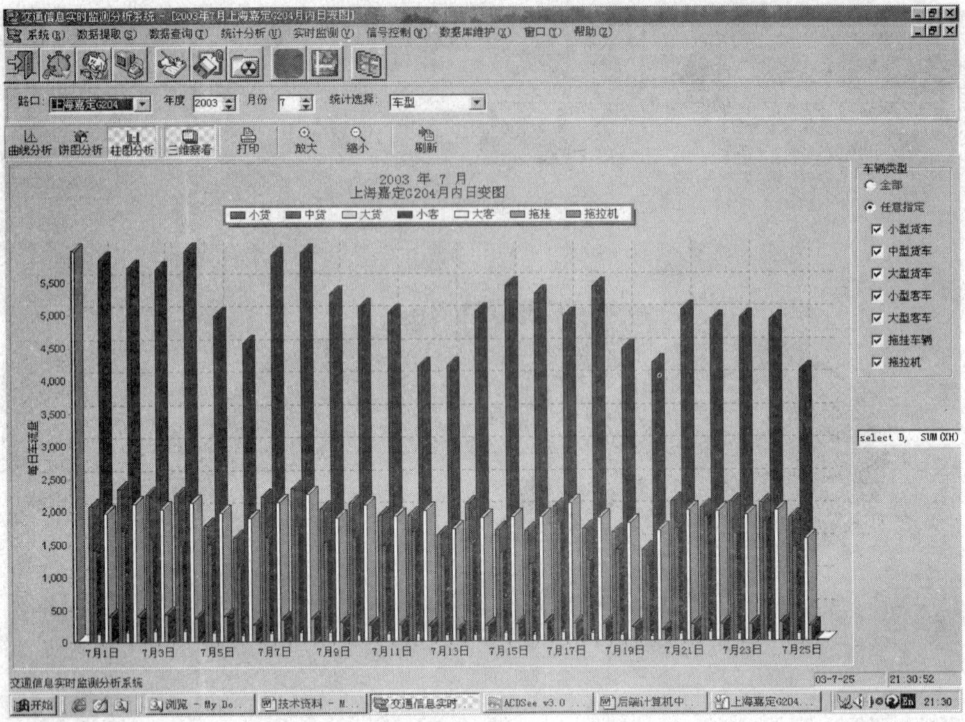

a)

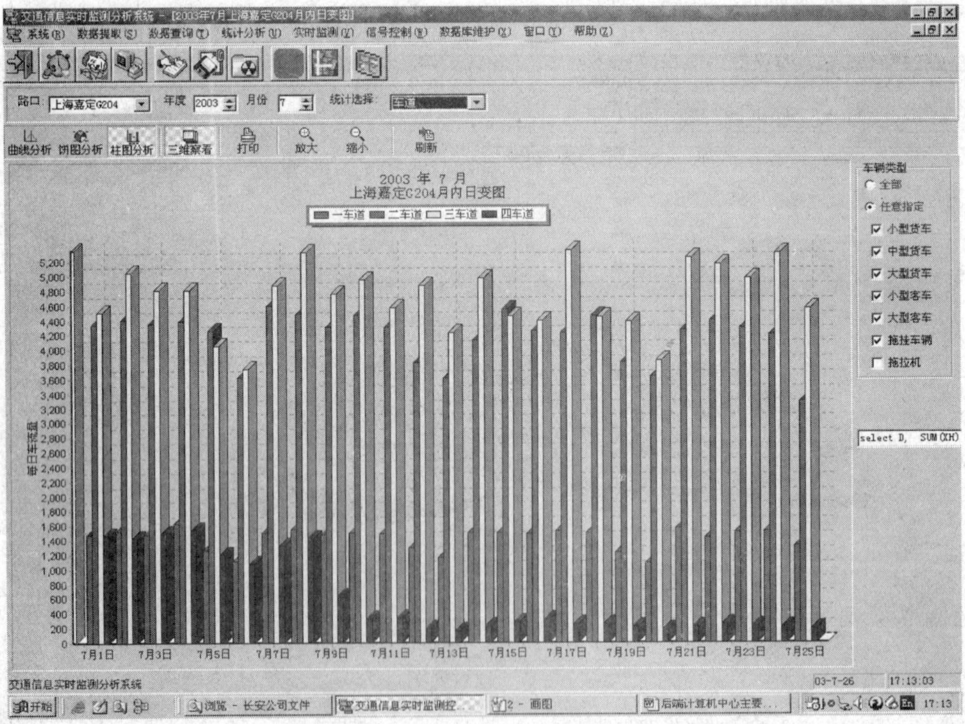

b)

图 3-17　报表图

本软件为其他软件预留下了两种格式的数据接口，方便用户把流量数据倒入其他软件中（与上海公路管理处和交通部车流量统计软件相兼容），分别为 EXCEL 和 TXT 两种格式。在

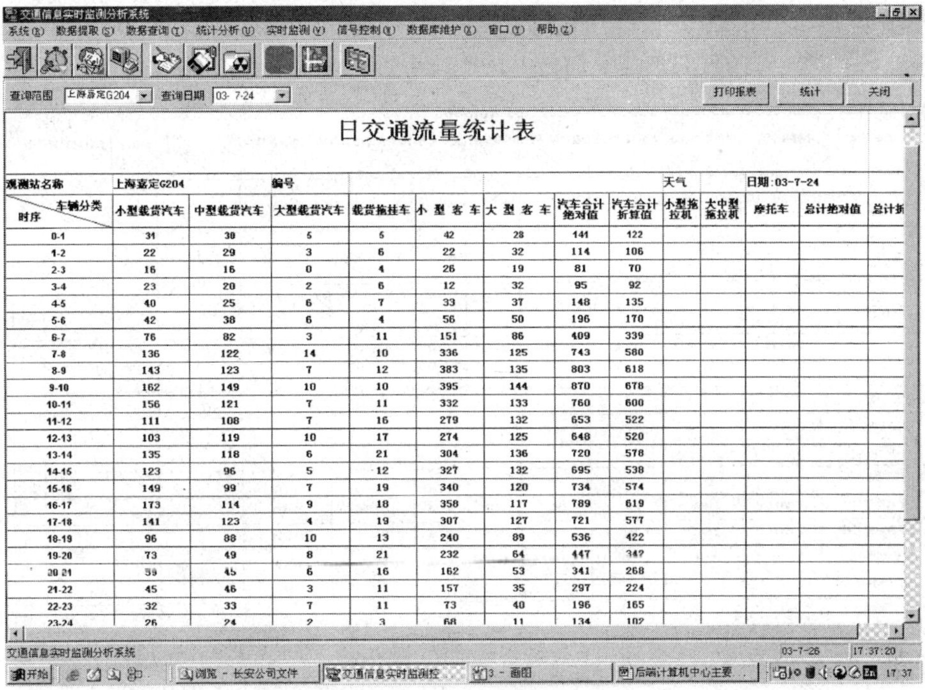

日交通流量统计表

观测站名称	上海嘉定G204		编号							天气		日期:03-7-24		
时序 \ 车辆分类	小型载货汽车	中型载货汽车	大型载货汽车	载货拖挂车	小 型 客 车	大 型 客 车	汽车合计绝对值	汽车合计折算值	小型拖拉机	大中型拖拉机	摩托车	总计绝对值	总计折
0-1	31	30	5	5	42	28	141	122					
1-2	22	29	3	6	22	32	114	106					
2-3	16	16	0	4	26	19	81	70					
3-4	23	20	2	6	12	32	95	92					
4-5	40	25	6	7	33	37	148	135					
5-6	42	38	6	4	56	50	196	170					
6-7	76	82	3	11	151	86	409	339					
7-8	136	122	14	10	336	125	743	580					
8-9	143	123	7	12	383	135	803	618					
9-10	162	149	10	10	395	144	870	678					
10-11	156	121	7	11	332	133	760	600					
11-12	111	108	7	16	279	132	653	522					
12-13	103	119	10	17	274	125	648	520					
13-14	135	118	6	21	304	136	720	578					
14-15	123	96	5	12	327	132	695	538					
15-16	149	99	7	19	340	120	734	574					
16-17	173	114	9	18	358	117	789	619					
17-18	141	123	4	19	307	127	721	577					
18-19	96	88	10	13	240	89	536	422					
19-20	73	49	8	21	232	64	447	342					
20-21	59	45	6	16	162	53	341	268					
21-22	45	46	3	11	157	35	297	224					
22-23	32	33	7	11	73	40	196	165					
23-24	26	24	2	3	68	11	134	102					

图 3-18　日交通流量统计表

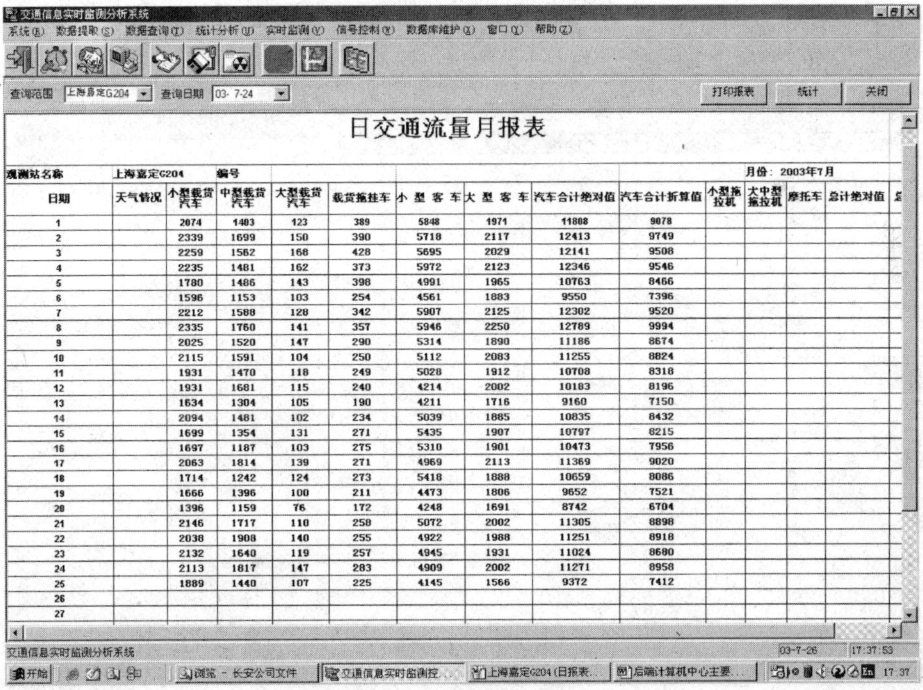

日交通流量月报表

观测站名称	上海嘉定G204		编号									月份：2003年7月		
日期	天气情况	小型载货汽车	中型载货汽车	大型载货汽车	载货拖挂车	小 型 客 车	大 型 客 车	汽车合计绝对值	汽车合计折算值	小型拖拉机	大中型拖拉机	摩托车	总计绝对值	总
1		2074	1403	123	389	5848	1971	11808	9078					
2		2339	1699	150	390	5718	2117	12413	9749					
3		2259	1562	168	428	5695	2029	12141	9508					
4		2235	1481	162	373	5972	2123	12346	9546					
5		1780	1486	143	398	4991	1965	10763	8466					
6		1596	1153	103	254	4561	1883	9550	7396					
7		2212	1588	128	342	5907	2125	12302	9520					
8		2335	1760	141	357	5946	2250	12789	9994					
9		2025	1520	147	290	5314	1890	11186	8674					
10		2115	1591	104	250	5112	2083	11255	8824					
11		1931	1470	118	249	5028	1912	10708	8318					
12		1931	1681	115	240	4214	2002	10183	8196					
13		1634	1304	105	190	4211	1716	9160	7150					
14		2094	1481	102	234	5039	1885	10835	8432					
15		1699	1354	131	271	5435	1907	10797	8215					
16		1697	1187	103	275	5310	1901	10473	7956					
17		2063	1814	139	271	4969	2113	11369	9020					
18		1714	1242	124	273	5418	1888	10659	8086					
19		1666	1396	100	211	4473	1806	9652	7521					
20		1396	1159	76	172	4248	1691	8742	6704					
21		2146	1717	110	258	5072	2002	11305	8898					
22		2038	1908	140	255	4922	1988	11251	8918					
23		2132	1640	119	257	4945	1931	11024	8680					
24		2113	1817	147	283	4909	2002	11271	8958					
25		1889	1440	107	225	4145	1566	9372	7412					
26														
27														

图 3-19　月交通流量统计表

"数据查询"中选择需要倒出的时间单位,选择好时间选项和查询内容,再点击"查询",最后按需要的格式输出。图 3-23、图 3-24 为上海市嘉定 G204 国道 2003 年 7 月 24 日的车型数据的例子。

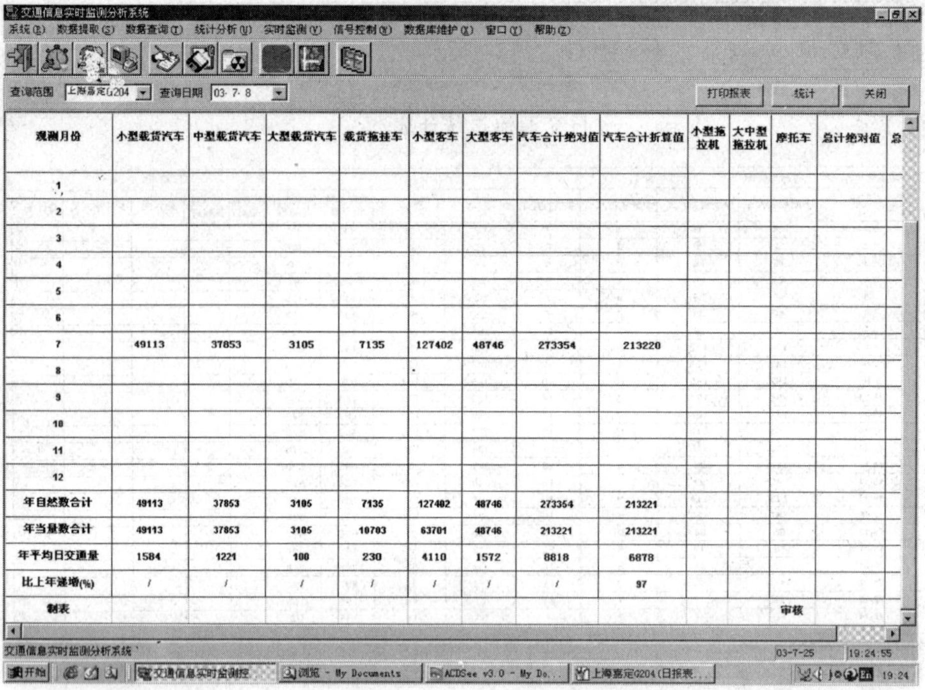

观测月份	小型载货汽车	中型载货汽车	大型载货汽车	载货拖挂车	小型客车	大型客车	汽车合计绝对值	汽车合计折算值	小型拖拉机	大中型拖拉机	摩托车	总计绝对值	总
1													
2													
3													
4													
5													
6													
7	49113	37853	3105	7135	127402	48746	273354	213220					
8													
9													
10													
11													
12													
年自然数合计	49113	37853	3105	7135	127402	48746	273354	213221					
年当量数合计	49113	37853	3105	10703	63701	48746	213221	213221					
年平均日交通量	1584	1221	100	230	4110	1572	8818	6878					
比上年递增(%)	/	/	/	/	/	/	/	97					
制表											审核		

图 3-20　年交通流量统计表

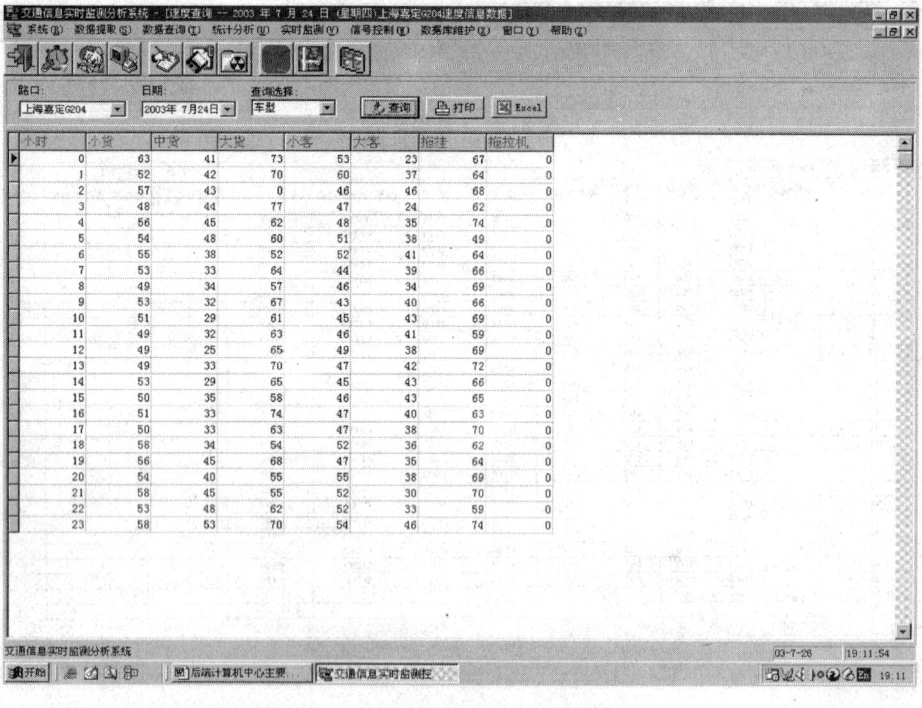

小时	小货	中货	大货	小客	大客	拖挂	拖拉机
0	63	41	73	53	23	67	0
1	52	42	70	60	37	64	0
2	57	43	0	46	46	68	0
3	48	44	77	47	24	62	0
4	56	45	62	48	35	74	0
5	54	48	60	51	38	49	0
6	55	38	52	52	41	64	0
7	53	33	64	44	39	66	0
8	49	34	57	46	34	69	0
9	53	32	67	43	40	66	0
10	51	29	61	45	43	69	0
11	49	32	63	46	41	59	0
12	49	25	65	49	38	69	0
13	49	33	70	47	42	72	0
14	53	29	65	45	43	66	0
15	50	35	58	46	43	65	0
16	51	33	74	47	40	63	0
17	50	33	63	47	38	70	0
18	58	34	54	52	36	62	0
19	56	45	68	47	35	64	0
20	54	40	55	55	38	69	0
21	58	45	55	52	30	70	0
22	53	48	62	52	33	59	0
23	58	53	70	54	46	74	0

图 3-21　按车型看到每种车的平均速度

模块二　编制交通情况调查资料汇编

交通情况调查根据不同的目的具有不同的调查内容，资料汇编也有所不同。

(1)以查明全国性或全省(市、地区)等大范围的交通需求和交通状况为目的的交通调查。

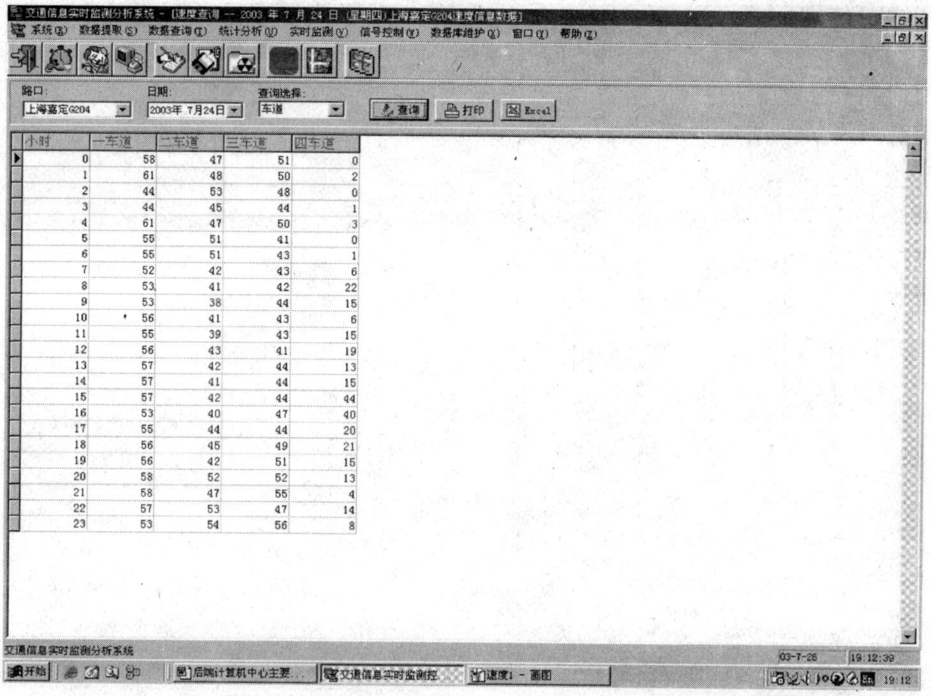

小时	一车道	二车道	三车道	四车道
0	58	47	51	0
1	61	48	50	2
2	44	53	48	0
3	44	45	44	1
4	61	47	50	3
5	55	51	41	0
6	55	51	43	1
7	52	42	43	6
8	53	41	42	22
9	53	38	44	15
10	56	41	43	6
11	55	39	43	15
12	56	43	41	19
13	57	42	44	13
14	57	41	44	15
15	57	42	44	44
16	53	40	47	40
17	55	44	44	20
18	56	45	49	21
19	56	42	51	15
20	58	52	52	13
21	58	47	55	4
22	57	53	47	14
23	53	54	56	8

图 3-22　按车道看到每个车道的平均速度

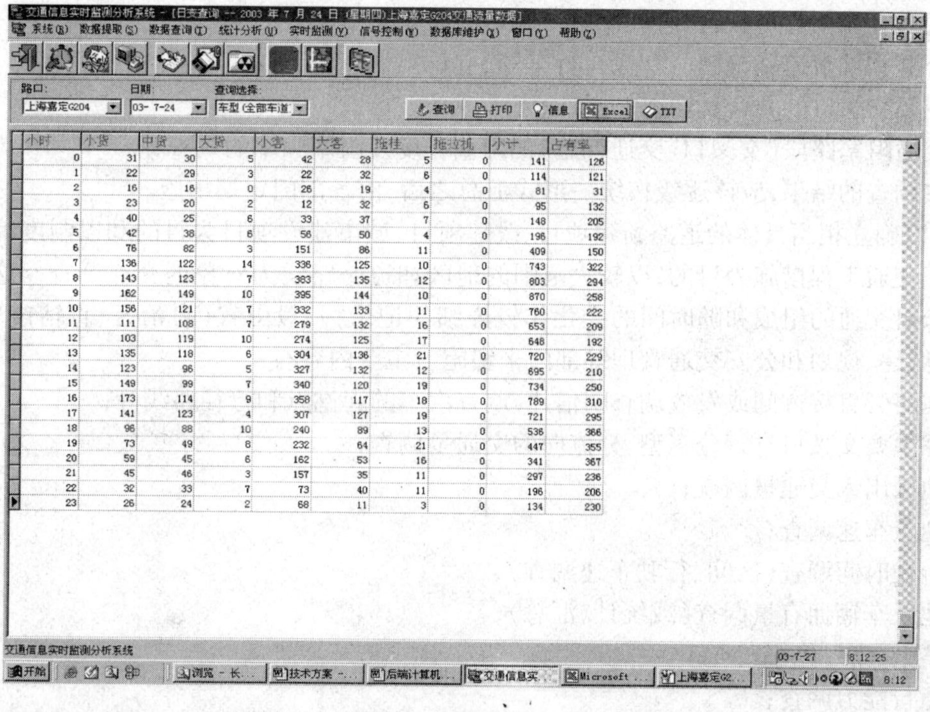

小时	小货	中货	大货	小客	大客	拖挂	拖拉机	小计	占有率
0	31	30	5	42	28	5	0	141	126
1	22	29	3	22	32	6	0	114	121
2	16	16	0	26	19	4	0	81	31
3	23	20	2	12	32	6	0	95	132
4	40	25	6	33	37	7	0	148	205
5	42	38	6	56	50	4	0	196	192
6	76	82	3	151	86	11	0	409	150
7	136	122	14	336	125	10	0	743	322
8	143	123	7	383	135	12	0	803	294
9	162	149	10	395	144	10	0	870	258
10	156	121	7	332	133	11	0	760	222
11	111	108	7	279	132	16	0	653	209
12	103	119	10	274	125	17	0	648	192
13	135	118	6	304	136	21	0	720	229
14	123	96	5	327	132	12	0	695	210
15	149	99	7	340	120	19	0	734	250
16	173	114	9	358	117	18	0	789	310
17	141	123	4	307	127	19	0	721	295
18	96	88	10	240	89	13	0	536	366
19	73	49	8	232	64	21	0	447	355
20	59	45	6	162	53	16	0	341	367
21	45	46	3	157	35	11	0	297	236
22	32	33	7	73	40	11	0	196	206
23	26	24	2	68	11	3	0	134	230

图 3-23　车型数据(一)

这类调查是根据中央有关部、委提出的规划或计划,由省(市、地、县)的交通、建设、公安和环保等机构承担。如为大城市,则也可由城市主管部门组织实施。该项调查的主要内容有:

①国家主干线公路(国道)交通量和车速调查;

②物资运输流通调查;

小时	小货	中货	大货	小客	大客	拖挂	拖拉机	小计	占有率
0	31	30	5	42	28	5	0	141	126
1	22	29	3	22	32	6	0	114	121
2	16	16	0	26	19	4	0	81	31
3	23	20	2	12	32	6	0	95	132
4	40	25	6	33	37	7	0	148	205
5	42	38	6	56	50	4	0	196	192
6	76	82	3	151	86	11	0	409	150
7	136	122	14	336	125	10	0	743	322
8	143	123	7	383	135	12	0	803	294
9	162	149	10	395	144	10	0	870	258
10	156	121	7	332	133	11	0	760	222
11	111	108	7	279	132	16	0	653	209
12	103	119	10	274	125	17	0	648	192
13	135	118	6	304	136	21	0	720	229
14	123	96	5	327	132	12	0	695	210
15	149	99	7	340	120	19	0	734	250
16	173	114	9	358	117	18	0	789	310
17	141	123	4	307	127	19	0	721	295
18	96	88	10	240	89	13	0	536	366
19	73	49	8	232	64	21	0	447	355
20	59	45	6	162	53	16	0	341	367
21	45	46	3	157	35	11	0	297	236
22	32	33	7	73	40	11	0	196	206
23	26	24	2	68	11	3	0	134	230

图 3-24　车型数据(二)

③城市客流调查与货运调查;

④公路和城市道路车辆(汽车、自行车等)起讫点调查;

⑤主要交叉口的交通量调查;

⑥交通阻塞路段(交叉口、交通设施)的阻塞程度及阻塞频率的调查等。

这些调查的结果,应该逐级按统一形式汇总之后,由各部门定期出版。

(2)以确立相当具体的道路新建项目、改建项目、城市建设项目为目的和以制度综合的交通管制等交通工程措施为目的,以较大范围的地区和道路路线为对象的交通调查。这类调查通常要求对交通的组成和随时间的变化作较详细的记录,一般由省(自治区、直辖市)、市、县的交通、城建、规划和公安交通管理等部门来实施。主要内容有:

①在路旁直接询问或发放调查明信片,调查汽车的起讫点和行径路线等;

②在主要交叉口进行分车型、分流向的交通量调查;

③地区出入交通量调查;

④地点车速调查;

⑤行驶时间调查(区间、行驶车速调查);

⑥地区车辆拥有量调查(或统计、汇总);

⑦路上、路外停车调查;

⑧通行能力调查;

⑨阻塞程度及其发生的频率调查(延误调查);

⑩公交运输系统及其利用状况的调查(客运量调查、月票调查等);

⑪在阻塞或事故多发地点,为弄清主要原因的专门调查等。

(3)为改善局部不良路段和个别交叉口的交通状况而进行的交通实况调查,这类调查可由道路和公安交通管理部门实施。其目的是为了改善交通阻塞或事故多发交叉口和路段的交通、安全设施(或措施)和信号配时,高速公路(快速干道、汽车专用路等)合流处等发生交通阻塞地点的道路几何线性和渠化、标志标线等设施和措施。主要内容有:

①交通量调查;

②车速调查;

③密度调查;

④影响交通流的主要因素(横穿道路的行人、混入汽车流中的其他车辆、停放车辆、路面标线和交通标志、信号机配时等)调查。

模块三　历年交通量资料的分析

在获得交通量调查资料后还要进行分析和整理,从中得到一些反映特征性趋势的数据。根据对道路交通流量的长年连续观测,可以整理出以下成果:

(1)绘制小时交通量排序曲线图,用于确定道路设计的小时交通量。

(2)交通量变化特征参数及其分析图。主要有:

①计算年平均日交通量,画出交通量的历年变化图。

②计算月平均日交通量及月变系数,绘制一年中各月交通量变化图。

③计算一周各日的平均交通量及周变系数,绘制交通量周变图。

④整理一天中各小时的交通量,绘制流量时变图,计算高峰小时交通量、高峰小时交通量流量比、高峰小时系数等。

⑤计算路段方向不均衡系数。

(3)交通量构成分析。通常,可以将交通量中车辆构成分为客车与货车,并整理出客、货车辆中各种车型的比例,从而进一步了解交通流的构成特点。

(4)对城市道路网交通量的观测,除可以得出上述几项成果外,还可以整理除以下内容:

①不同性质道路的流量变化规律及其特征参数值。

②不同性质道路的流量变化规律及流量分布图,如图 3-25 所示。其中,图 3-25a)是交叉口流量流向示意图,图 3-25b)是按方向表示的交叉口交通量分布图,图 3-25c)是高峰小时交通流向流量示意图。

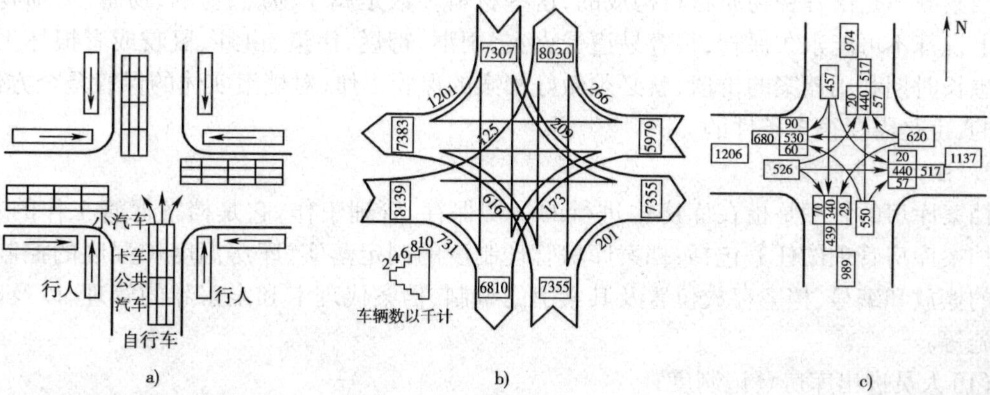

图 3-25　流量变化及流量分布图

③整个路网的高峰小时流量分布图、机动车流量高峰与自行车流量高峰形成时间的间隔等,绘制网络流量图,如图 3-26 所示。路网交通量调查首先要利用已有的控制观测站和临时观测站对整个调查区域进行全面的大范围调查,以此为基础在能够观测到流量变化的地点设

置控制站。利用控制站在一定时期内观测到的交通量,可以调整网络中的交通量数据。

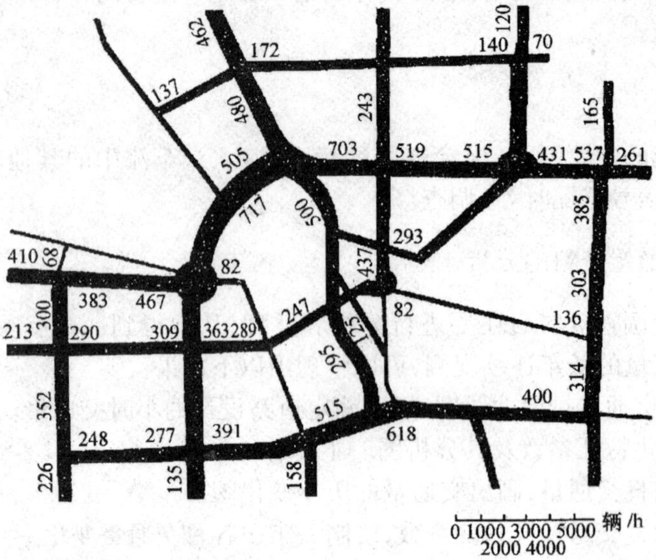

图 3-26　网络流量图

模块四　交通情况调查资料的档案管理

交通资料应归入公路技术档案,长期保存。

档案保管是对已整理好并存入库房中的档案进行安全保管和科学管理的工作。档案的保管工作主要包括档案实体的保管、档案使用中的管理和档案库房的管理三大内容。

1. 档案实体的保管

档案保管工作的惟一对象是档案实体,档案实体包括档案信息和档案的信息载体。由于信息是依附于载体的,因此对档案实体的保护最主要的工作就是根据档案载体的成分和状态,采取一系列的科学存放和安全防护措施。

档案载体是由各种物质材料构成的,这些材料多数是属于易燃、易潮、易霉、易损物质,从本质上说都不可能永久保管,很容易遭受火灾、雨淋、霉烂、污染、虫蛀、鼠咬或者损坏丢失,因此要想长时期利用档案的价值,就必须做好档案的保管工作,对档案实体的保管是全方位的多角度的,也是需要很多条件的。

2. 档案库房的管理

档案库房的管理是指在库房中进行的一切保存、管理工作,它是档案保管工作的基本保障。档案库房管理的任务包括:档案库房管理制度的制定落实、库房温度和湿度的控制、档案装具的摆放和编号、档案存放位置及其索引的编制、档案代理卡和全宗卷的管理,以及库房安全措施等。

(1)人员进出库房登记制度;

(2)档案入库登记制度;

(3)库藏档案定期检查制度;

(4)设备管理制度;

(5)清洁卫生制度;

(6)档案库的安全防范措施。

3. 档案使用中的保管

对档案的保管不是封闭静态的保存，而是开放使用过程中的动态的保管。在档案的使用、开发、编研及利用过程中，要订立相应的规章制度，并注意做好以下环节：

1)档案使用过程中的维护与保护制度

(1)遵守档案使用登记与交接制度；

(2)档案使用过程中的限制制度；

(3)对重要档案的保护性措施。

2)库房档案存放位置索引

为了方便借阅档案和整理档案，必须建立库房档案存放位置索引。档案存放位置索引是一种记录、引导性的管理工具。它是以表册或卡片形式将档案在库房及箱柜架子中存放秩序的情况如实记录和反映出来，以此来方便档案工作人员对档案的调取、归还和其他日常管理。

3)档案代理卡

档案代理卡是用来临时代替并占据被调出案卷位置的一种卡片，因此档案代理卡又称代卷卡。即预设若干空白的或印有确定栏目的卡片，每从库房中调出一个或一组卷号相连的案卷，就随手填写一张代理卡插放在所调出案卷的位置上，还卷时再将卡取下。代理卡实际上是案卷不在其位时的标识物。只要调卷时认真填写，还卷时核对准确，就可以有效地防止放错位置，是一种行之有效的档案使用管理手段。尤其是在档案利用频繁、出入库数量与次数较多的情况下，其效用更为明显。案卷归还后被取下的代理卡还可作为分析、统计档案使用记录及规律的素材，具有登记工作的性质。档案代理卡所设登记项目及格式，见表3-3所列。

档案代理卡 表3-3

全宗号	目录号	卷号	调出时间	调出原因	调卷人	归还时间	还卷人

4)全宗卷

全宗卷也是一个案卷，它是在全宗管理过程中用来说明该全宗历史情况的专卷。这个专卷应该包括以下内容：档案交接凭据、文档单位与全宗历史考证、整理工作方案、档案实体分类方案(分类表)、移进移出记录及手续(凭据)、对全宗档案进行检查与清点的历次记录及所发现的问题记录，以及档案受损害、遭破坏和实施补救措施的记录材料，档案销毁清册等。总之，凡是在档案管理活动中形成的对全宗状况及全宗历史有原始记录意义的文字、图表等材料，均应归入全宗卷中。

5)电子档案的存储和保管

电子档案管理应遵循档案收集、整理、保管、利用、鉴定、统计等管理原则。它与纸质等载体档案有很大区别，其记录形式是数字序列。任何电子档案，当使用技术和设备将信息内容记录在磁性材料或光盘等载体后，就永远离不开这种技术和设备，它不能离并这种生成环境和设备而单独存在。人们只有采用这种记录档案信息内容的技术和设备，进行逆处理还原、输出，才能识别它的信息内容。电子档案的长期保存，确实非常困难，需要有不断更新的技术和设备作保障。电子文件归档及电子档案管理需要有技术和设备，电子档案的生命周期由电子档案内容而定，而保证电子档案生命周期的存在，却取决于载体的寿命、电子计算机软硬件的生存周期和载体所载档案与电子计算机软硬件平台的一致性。所以说，电子档案管理是一项极其复杂的技术工程。

(1)电子档案存储与保管原则

电子档案的特性不同于纸质档案,决定了其在保存与维护方面的复杂性。如何保存、维护电子档案,使之安全、可靠并永久处于可准确提供利用的状态,是档案工作者亟需解决的问题。

①要保证电子档案载体物理上的安全。

②要保证电子档案的原始性。对于一些较特殊的电子档案,必须以原始形成的格式进行还原显示。

③要保证电子档案的可理解性。

④要对电子档案载体进行有效的检测与维护。

(2)各种电子文件的存储规范

电子文件具有对计算机系统的依赖性、非人工直接识读性、复制传递的高保真性、信息与载体的可分离性、信息内容的易改性、载体的不稳定性等特性。并且对于不同信息类型的电子文件,由于其技术特点不同,存储载体和记录信息的标准、算法也不同,所以电子档案的存储应根据电子文件的特点分别采取措施,以保证其原始性、真实性、完整性。

①字处理文件的存储

a. TXT 文档可以作为电子档案直接存储。

b. XML 文档可以作为电子档案直接存储。

c. Word 97 以上版本文档可以作为电子档案直接存储。

d. PDF 文档可以作为电子档案直接存储。

e. WPS、RTF 等文档作为电子档案存储时,应转换为一套 XML_文档或 PDF、Word 文档,同时存储。

f. 对于其他类型的文档,如果无法转换为 XML、PDF 格式,则应按原格式存放,并将有关的软件和计算机系统信息一并存档。

②图像文件的存储

a. TIFF 格式图片可以作为电子档案直接存储,有特殊压缩参数的要作说明。

b. JPEG 格式图片可以作为电子档案直接存储,有特殊压缩参数的要作说明。

c. 其他格式图片应转换为以上两种格式中的任意一种,有特殊压缩参数的要作说明。

d. 对于无法转换格式的图片应按原格式存放,并将有关的软件和计算机系统信息一并存档。

e. 由扫描仪获得的图像电子档案,对于普通纸质档案来说光学分辨率不得低于 200dpi,对于照片档案来说分辨率不得低于 600dpi。

由缩微胶片通过扫描仪获得的电子档案,对于 16 mm 胶片来说分辨率不得低于 200dpi,对于 35mm 胶片来说分辨率不得低于 600dpi。

③图形文件的存储

图形文件的存储要求参见图像文件的存储要求。

归档时应注意其设备依赖性、易修改性等问题,对相关软件及各种数据信息应一并存档。

④影像文件的存储。

MPEG2 格式、比特率 4Mb/s 以上的影像文件可以作为电子档案直接存储。

对于无法转换格式的影像文件应按原格式存放,并将有关的软件、压缩算法和计算机系统信息一并存档。

⑤声音文件的存储

WAV 格式声音文件可以作为电子档案直接存储。

MP3 格式声音文件可以作为电子档案直接存储。

对于无法转换格式的声音文件应按原格式存放，并将有关的软件和计算机系统信息一并存档。

⑥多媒体文件的存储

多媒体文件包含多种信息形式，信息完整的多媒体文件可以作为电子档案直接存储。

多媒体文件依赖的计算机软硬件信息及相关参数应一并存档。

⑦数据库文件的存储。

dBASE 3 数据库文件可以作为电子文件直接存储。

对于无法转换格式的数据库文件应按原格式存放，并将有关的软件和计算机系统信息一并存档。

⑧超文本文件的存储

信息完整的超文本文件可以作为电子档案直接存储。

超文本文件依赖的计算机软硬件信息应一并存档。

⑨计算机程序的存储。

a. 计算机程序可以作为电子档案直接存储。

b. 计算机程序依赖的软、硬件平台说明应一并归档。

⑩数据文件的存储。

数据文件的类型较多，包含以上所示的多种类型，具体类型的存储办法参考以上各类型的存储办法。

数据文件应对数据来源进行说明并一同归档。

⑪对电子档案的说明性文档一律用 TXT 文档编写。

⑫在符合软、硬件平台条件下，应保证电子档案能正常被计算机所识别、运行，并能准确输出。

⑬电子档案中涉及的口令、密钥、权限管理说明等应同电子档案一并归档。

⑭保存与纸质等档案内容相同的电子档案时，要与纸质等文件之间互相建立准确、可靠的标识关系。

用扫描仪、视频压缩卡等设备获得的电子档案，如果采用非标准算法，则应将相关软件一并归档。

P 计算机系统运行和信息处理等过程中设计的各类参数、管理数据等应与电子档案一同归档。

(3)电子档案的保管要求

电子档案应该拷贝到耐久性的载体上，至少一式两套，一套封存，一套供查阅利用。必要时，复制第三套，异地保存。对于加密的电子文件，则应在解密后再完成上述工作。在相同条件下，电子档案存储载体的选择应优先考虑可靠性和先进性。本标准推荐的存储载体是一次性写光盘、磁带等。禁止使用软磁盘作为电子档案的长期保存载体。

6)电子档案的利用管理

由于电子档案提供利用方式的多样化与所依赖技术的多样化，导致利用工作的复杂性。因此，加强电子档案的利用管理就显得特别重要。利用管理的内涵很丰富，从信息安全的角度出发，主要有对用户及提供利用者的管理、对提供利用载体的管理及利用中的安全保密措施等。

(1)使用权限的审核;

(2)副本的提供与回收;

(3)利用中的安全措施。

7)电子档案的销毁

可重复使用载体上的电子档案的销毁,应确保电子档案及相关电子信息的不可恢复性删除。

一次性使用载体上的电子档案的销毁,应将载体彻底销毁。

课题三　设备的维护保养

模块一　交通情况调查仪器的工作环境

1. 安装环境:户外

2. 大气压力:50~106kPa

3. 相对湿度:≤98%

4. 环境温度

适合使用的环境温度分为3类,见表3-4所列。

设备适合使用温度分类　　表3-4

功能分级	适合使用温度分类		
	A	B	C
I	-55~+45℃	-40~+55℃	-20~+70℃
II			
III			

5. 电源容差

设备应能在以下电源条件下工作:交流电网电压220V(1±15%),频率50(1±40%)Hz。设备可配备备用电源,以防止正常供电意外中断。

模块二　交通情况调查仪器的安装与防护

1. 车辆磁映像检测原理

车辆磁映像(Vehicle Magnetic Imaging——VMI)技术是美国Nu-metrics公司的专利技术,它利用车辆对通过地磁场的影响,检测车辆交通参数。它采用低功耗、高灵敏度的强导磁材料,将地磁磁通线集中约束在比较小的空间,当车辆停驻、慢速接近或通过时,被约束的磁力线发生变形,产生原始信号,经转换、处理后形成一个电压随时间变化的曲线,这些曲线具有如下特点:

(1)各种车辆车体的铁金属材料分布不同,对地磁通线产生的变形影响不一样,所得出的电压—时间曲线形状也各不相同,各具特色。这一现象可以用来区分大货车和小客车、检测车身长度,也为识别车型提供了基础。

(2)车辆车速改变,曲线的形状发生变化,而且时间轴的压缩量明显与车速成正比。

检测器有多种产品,如HI-STAR系列NC-47、NC-97袖珍型流量计,Groundhog系列永久型流量检测传感器 G-1、G-2、G-2WX、G-3、G-3WX 型。

这些检测器体积小，质量轻，HI-STAR 系列安装不需破坏路面，直接平放于路面，加一薄保护罩即可工作；Groundhog 系列只需在车道中间钻一个柱状孔，将传感器放进去并简单处理即可；安装使用非常方便，是进行临时或连续交通量调查的有力工具。

2. PCS 永久型交通量检测系统

Nu-metrics 公司的 Groundhog PCS 永久型交通流量检测系统是世界上无线交通量检测系统的领导者。它采用专利的车辆磁映像技术为准确、有效的交通统计、分析、控制与道路管理提供基础信息；配合专用软件，它可以报表、图形、图表等方式提供车流量、车速、车型、道路占用率、路面干湿度、路面剩余除冰化学物质浓度等。

1）系统特点

（1）埋在路中的传感器与路旁的现场基站无线通讯。

（2）现场基站与数据中心通讯方式灵活。采用 2.45GHz或 915MHz 无线通讯，距离可达 30km，也可采用标准电话线、光纤、无线蜂窝或电缆通讯模式。

（3）传感器由内置的锂电池供电，可使用 5 年以上，可更换。

2）系统示意图（图 3-27）

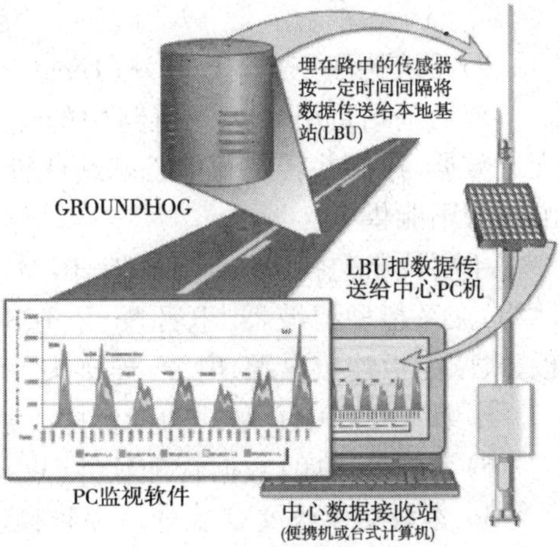

图 3-27　系统示意图

3）系统构成一：Groundhog 系列永久型交通量检测传感器

Groundhog 是一种永久性的、可维护、全内置的单车道交通量检测传感器，采用了 Nu-metrics 公司的“车辆磁映像（VMI）”专有技术，检测精确可靠。

G 系列传感器内部使用一个微处理器来控制车辆检测功能和宽频无线发射，它将采集到的车辆数据存放在存贮器中，压缩成数据包。这些数据包定时（以 1 ~ 120min 的间隔或实时）被无线传送给设于路边的现场基站（LBU）。

Groundhog 系列均由高性能、长效的锂电池供电，可在 -40℃ ~ +85℃ 的范围内正常工作。如图 3-28、图 3-29 所示。

产品型号主要有：G-1、G-2、G-2WX、G-3、G-3WX。

4）系统构成二：RFM 无线收发模块（RFM-245 型）

其特点主要有：

（1）高性能的宽频无线收发模块。

（2）可用 3.5 ~ 16V 直流电，也可使用太阳能作为电源。

（3）长距离无线通信能力，免许可。

（4）双频边带传输，40m/W（每边带 20m/W）。

（5）高灵敏度（大于 -104dbm ）双向转换双边带接收器。

（6）双串行口：RS-232/RS-485 和 TTL level。

（7）实时时钟和 32kB 缓冲存储器。

（8）可扩展的 4 线 I/O 用于外部控制和监视。

（9）可编程的操作方式。

(10)低成本、可扩展、安装简单。

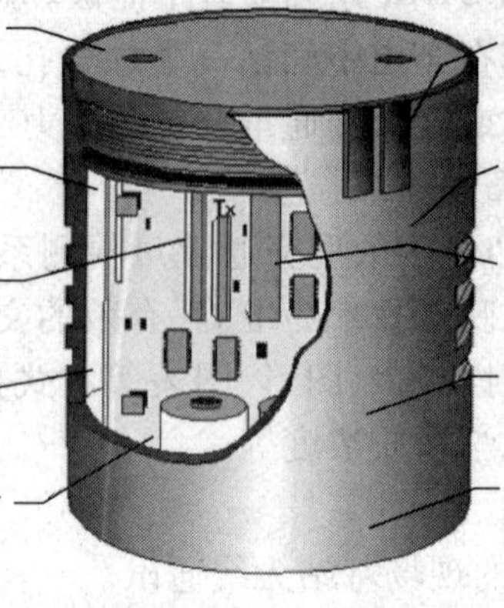

图 3-28 产品示意图(一)

5)系统构成三:现场基站(Local Base Unit——LBU)

现场基站是用来接受道路中的交通量传感器无限发送的交通数据,存储并转发到中心基站计算机的系统,可选择 AC 供电或太阳能供电。

图 3-29 产品示意图(二)

主要设备包括:电器设备柜、RFM 无线收发器、避雷器、电池组、交叉指型滤波器、电源配线、4dB 增益全向天线、太阳能板、太阳能板连接电缆、电缆、连接头、固定件等。

中继基站和中心基站的设备构成基本相同。

6)系统构成四:数据管理软件(Wireless Data Management——WDM)

3. 车辆磁映像交通流量与分析仪

1)概述

NC-97 比传统的交通流量计,例如 rubber tubes 和感应线圈有更大的优势,它体积轻便,便于在各种交通位置方便安装,十字路口的工作能力使其可以在城市中作车辆转弯运动的统计,它也可在雨水条件和路面下工作。由于交通流量的增长和对环境影响,NC-97 可使用地表温度传感器和路面"干/湿"测量器,将这些数据与交通数据结合,可形成新的数据来分析计算天气状况及由于路面状况产生的事故。

HI-STAR 流量计设计安装于车道中间,这样每一辆车就会由其上通过或靠近其通过,不需要物理性接触。在这种环境下使用的流量计体积轻便,NC-97 尺寸为 6.5 ×6.5 ×0.625 英寸。其外壳由铸铝合金制成,平均厚度为 0.125 英寸,这一特别设计的外壳能承受各类车辆冲击,尤其是当它与 Nu-Metrics 的聚亚安酯保护壳共用时。独特的外壳设计和磁感应技术的结合使流量计可应用于许多特别场合,如水下安装、砂石和未改善路面。在高速公路,NC-97 因为小巧轻便,不引人注目;因电池组减少、部件减少使可靠性增加;而尺寸的减少则降低了来自车辆的冲击与振动。

2)电气连接

NC-97 流量计使用 5 个镀金针脚的极化插座(图 3-30)。这 5 个针脚用于 7 个不同的电气功能。

针脚 1:天线(无线数据确认)。

针脚 2:RS-232 数据输入。

针脚3:接地。

针脚4:温/干传感器(电源“开”信号)。

针脚5:电池充电(+)(RS-232数据输出)。

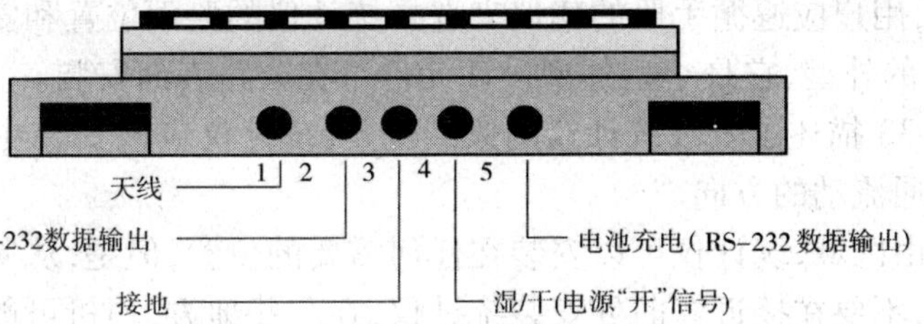

图3-30 极化插座

注意:针脚4是计算机控制针脚,用来控制系统电源开/关。当流量计与Laptop/PC机连接时,可在不同的模式下被激活,如65s无通讯数据,计算机将自动关闭NC-97。当使用LP软件时针脚4的控制是自动的。

3)开始工作(冷起动)

“冷启动”是指流量计被安装于路面之后、HI-STAR做好流量统计准备工作之前的这段时期。Nu-Metrics建议在预设的启动时间(“Start Time”)之前有30min的冷启动时间,这是因为有以下因素需要考虑:温度记录是一个因素,因路表面的温度不同,通常至少需要15min来使HI-STAR的外壳温度稳定下来;第二个也是最更重要的因素是NC-97的磁传感器的校准问题,在预设的正点时间(“On Time”)前10min,计算机会激活传感器电路,当传感器被打开(“On”)后,它们必须首先与地球的磁力线进行校正并排除附近的磁场(如路基中的钢筋等)。正常状况下整个过程仅需要几微秒就可完成。但是,假如在初始调校的过程中有车辆通过的话,传感器电路就不能正确调整,这个过程必须重做。在交通自由流动区域,这个任务可以在短时间内完成。但是当流量计被安装于或接近于十字路口时,这个时间就将大大增加。

冷启动要求至少比预设的启动时间提前30min将流量计安装于路面。一台编程将于12:00开始工作的流量计将自动地在11:50启动HI-STAR的计算机系统,但只有到了预设的启动时间才开始存储数据。

4)HI-STAR与LP程序的通信

HI-STAR流量计的通信端口用来进行程序和数据检索,所有的输入/输出都使用RS-232接口,并以9600波特联接Laptop或桌面计算机。通信的完成需要IP-10A接口适配卡和LP/HDM-97软件。如图3-31所示。

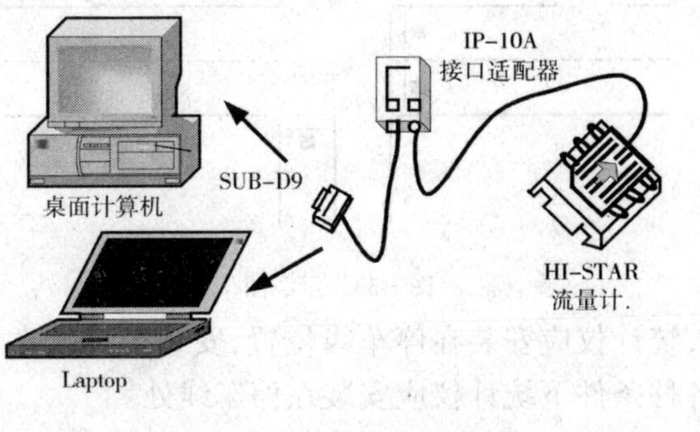

图3-31 产品连接示意图

注意:当流量计从湿或冷的路面刚取来时可能不能正常通信;在将连接针脚插入NC-97

的连接插座时,应使插座内的电气针孔完全干燥。

5)选位与安装

HI-STAR 交通统计仪的安装不同于使用 tube 和 loop 进行感应的统计仪的安装,为了从统计仪获得最好性能,用户应遵循手册的建议来选择统计仪的路面位置和安装过程,首先应注意的区别是 HI-STAR 的外型,它是小型外型设计元件可在公路表面安装。

图 3-32 和图 3-33 描述了安装统计仪的典型位置,统计仪应该安装在交通路面中部,统计仪上的箭头指向交通流动的方向。

在交通流动自由区域,统计仪可以安装在任何需要的位置,但是,从实践看来,确定区域并不像其需要的一样,不要在接近弯曲处安装统计仪,在一些地方,司机可能错过统计仪,这种情况尤其发生在宽广交通路表面上,另一应该避免的地方是金属桥梁,统计仪不能抵消桥梁金属构造所产生的磁场效应,假如桥梁测量必须使用的话,在桥梁前部或后部放置统计仪,在一些桥梁处,可以忽略上桥路和弯道的影响,最好进行测试来确定最佳位置。

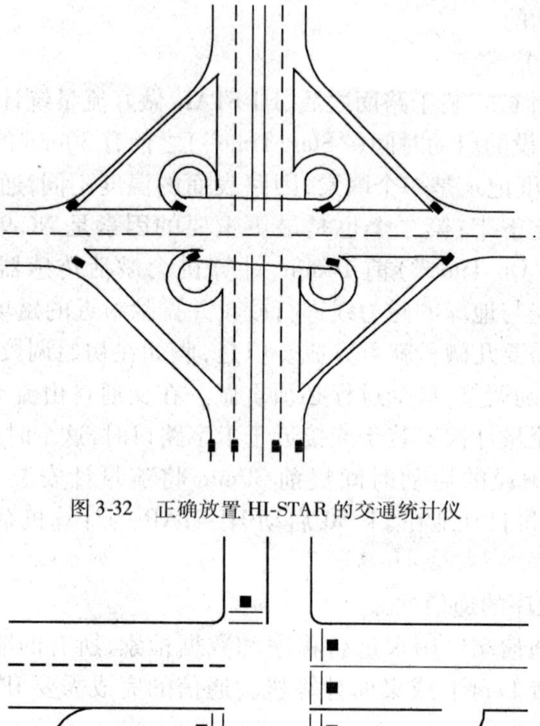

图 3-32 正确放置 HI-STAR 的交通统计仪

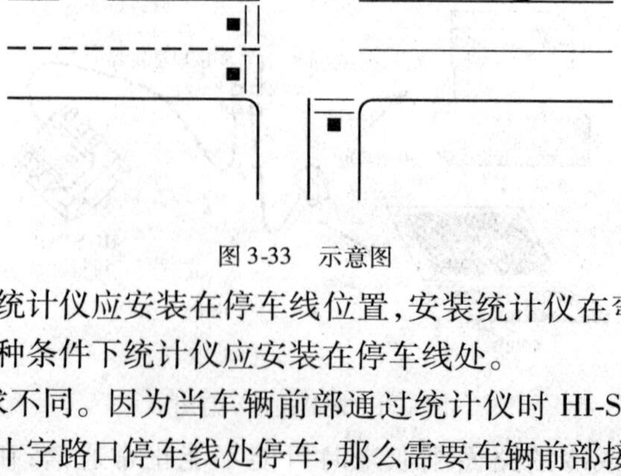

图 3-33 示意图

当车辆趋向停车时,统计仪应安装在停车线位置,安装统计仪在弯道的进出口开始处,停车线在弯道尾部外,在各种条件下统计仪应安装在停车线处。

十字路口统计的需求不同。因为当车辆前部通过统计仪时 HI-STAR 测量车辆速度的间距很小,假如车辆需要在十字路口停车线处停车,那么需要车辆前部接近和停车在十字路口安装的统计仪处，从而保证车辆的最大磁场接近统计仪，当未计算出间距时统计仪不能位于两个停靠的车辆中间。

6）安装前的准备工作

安装前，应利用 laptop 或桌面计算机通过 IP-10A 接口适配卡和 LP 或 HDM-97 软件对流量计进行设置，参阅 LP 软件（2.0 章）操作手册或 HDM-97 手册。正确的安装流量计是成功使用流量计的前提。假设流量计未正确安装，它就不能工作。NC-97 外壳上部铸有一个大箭头，这个箭头应指向车辆流动方向，应正确安装。假如 HI-STAR 安装方向相反，它仍旧能统计车辆数量但却不能对车辆进行分类。

（1）安装（图 3-34 ~ 图 3-43）

重要提示：在安装或是拆卸流量计时，一定要穿着恰当的服装、反光背心，带安全眼镜与安全帽。在交通流被阻止或是分流之前，切勿进入车道。

第一步：把流量计放置于交通流（车道）正中：

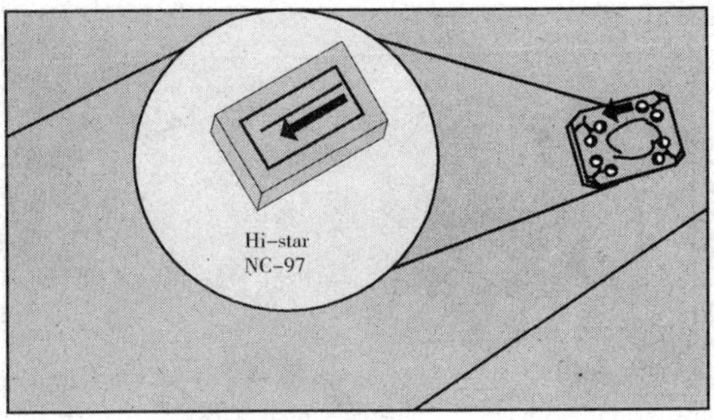

图 3-34　产品安装示意图

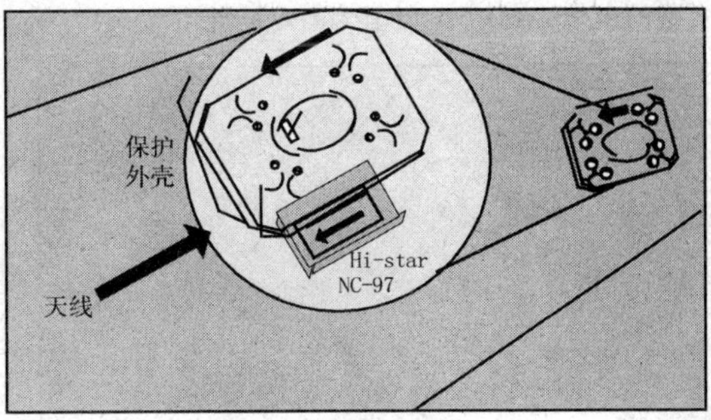

图 3-35　产品示意图（一）

注意：选择一处水平并且平整的位置。

注意：如果设置流量计进行无线确认，继续第二步；如果未选择，则继续第二步③。

第二步：①把天线放入流量计电器插座最左边的针孔，切记在继续操作前将天线穿过保护外壳。

②放大：确保天线连接到正确的针孔，并穿过保护壳上的孔。绝对不允许天线连接器（铜）接触到 NC-97 的金属外壳。在安装完保护外壳后，天线应 45°折向车辆流动方向，以防止天线松动。

图 3-36　产品示意图（二）

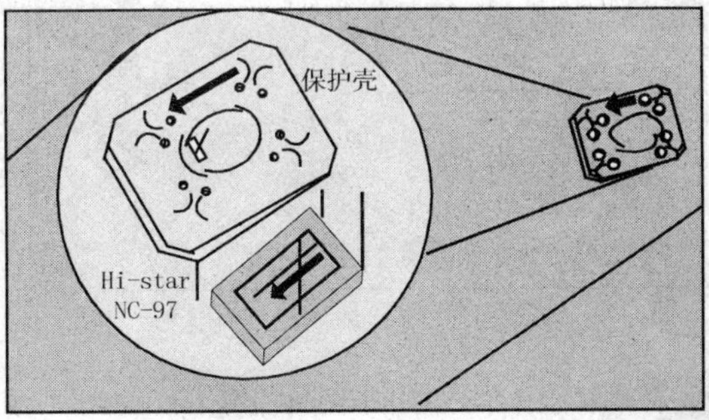

图 3-37　产品示意图（三）

③将保护壳盖在流量计上面。

第三步：在保护壳上的 4 个凹下的圆孔处各放入一个垫圈。假如本区域车流量较大或地基较松软，可使用 8 个垫圈与钉子。

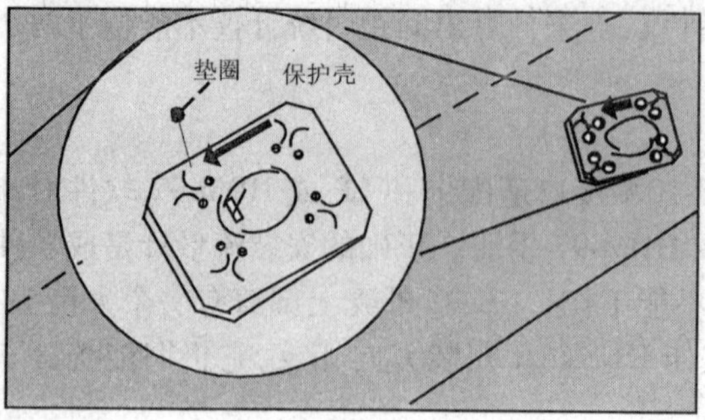

图 3-38　产品示意图(四)

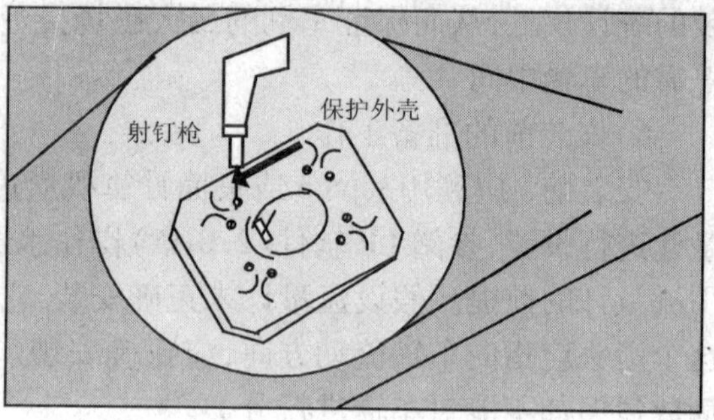

图 3-39　产品示意图(五)

第四步:用射钉枪将保护壳固定于地面,对水泥混凝土路面应进入 1/2 英寸深;而沥青路面则应进入 2 英寸深。

注意:使用过强的火药桶会损坏保护壳或减弱紧固程度。

第五步: 流量计已正确安装完毕。

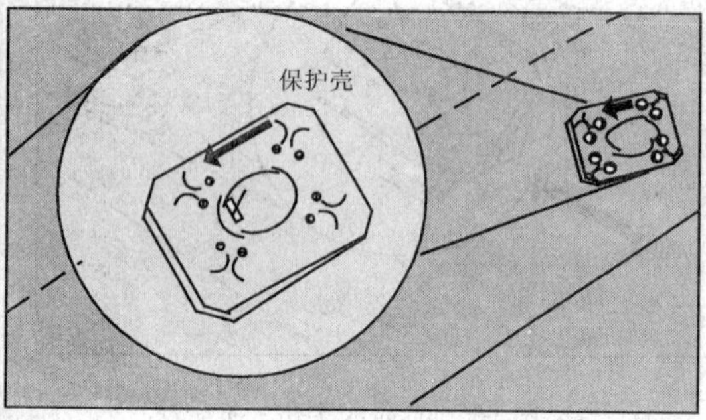

图 3-40　产品示意图(六)

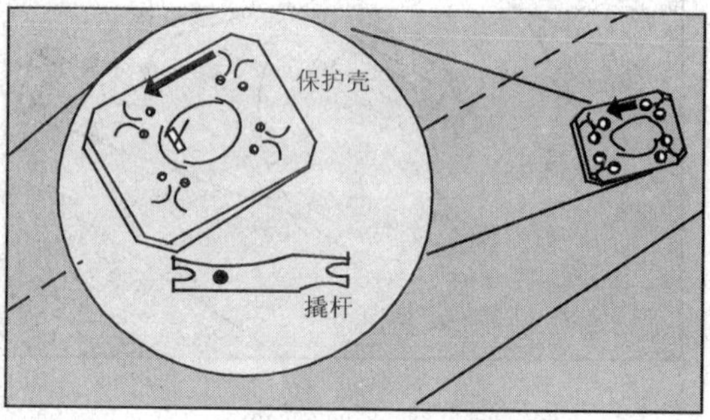

图 3-41　产品示意图(七)

第六步:拆卸流量计。在调查完成之后,使用一个扁平的撬杆来撬起保护壳。

注意:将撬杆放在钉子下边撬起而非保护壳下边,这样可以将对保护壳的损坏降至最小程度。

第七步:完整取回保护壳,保存好以备下次使用。

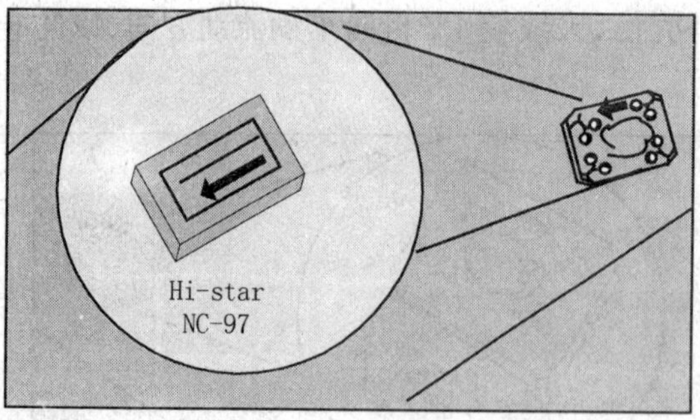

图 3-42　产品示意图(八)

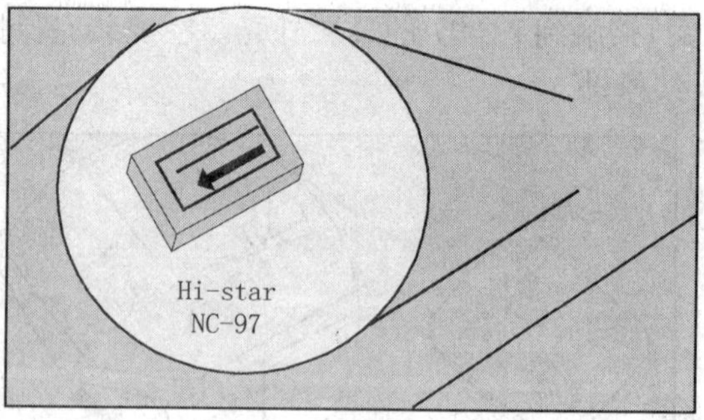

图 3-43　产品示意图(九)

第八步:由车道中间取回流量计。

(2)安装注意事项

不要使用铁锤把钉子打入路面,因为不留意的意外冲击,将可能损坏铸铝合金外壳。Nu-Metrics推荐安装者使用"火药桶驱动的工具"/射钉枪,Nu-metrics 的 RI-4030/HI-3050 或类似的工具以确保保护壳牢固固定于路面。

警告：用户应完整阅读“火药桶驱动的工具”/射钉枪的操作手册并遵循推荐的安全措施来安 NC-97 流量计。在进入车道前，用户应穿好安全服装。

道路表面有各种不同类型，主要有：混凝土与沥青路面。沥青路面的硬度因其结构、使用年限和表面温度的不同而有所不同。新的沥青路面可能需要几年时间来硬化。因此，用户必须选择最合适的钉子长度和和火药桶来固定流量计。最好在安装之前在实际路面上通过测试不同型号的钉子来确定合适的型号。一般来讲，短的由 0.75 ~ 1 英寸（1.9 ~ 2.54cm）的钉子用在混凝土路面，稍长一些由 1.5 ~ 2.5 英寸（3.8 ~ 6.4cm）的长钉子用在沥青路面。钉子的制造商会提供各种路面应使用的钉子型号的一般原则。

温度越冷，沥青越硬。这样，短钉用于温度低的沥青路面可取得与长钉用在温度高的沥青路面同样的紧固力。

HI-STAR 的序列号是非常重要的，它涉及到产品的生产日期及序列号系列。在生产过程中，这些数字被永久地加入到微处理器的 EEPROM 存储器中。这些数字也用来标明 RF 发射器的频率。

例如，最后三位数字的“433”（图 3-44）代表 433.92MHZ 的工作频率；418 代表 418.0MHZ 的工作频率；315 代表 315.0MHZ 的工作频率。

所有与 HI-STAR 的通信都使用这 4 位数的序列号作为标注，在报告的开头也会标注这一数值。尽管这一数字在多处可见，我们建议您将其写在手册上以便随时使用。

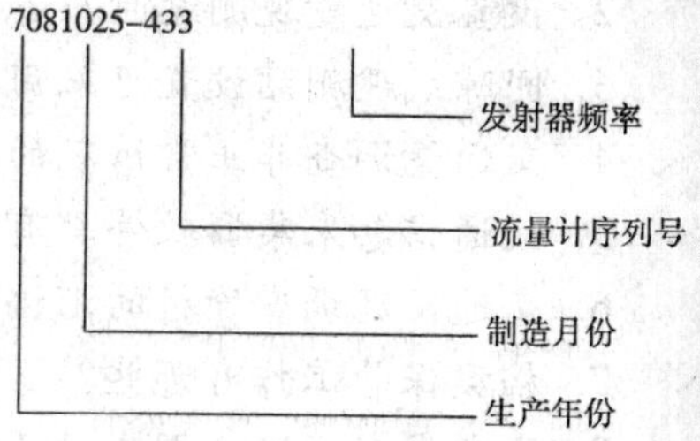

图 3-44　序列号

7）出错信息与解决办法

Waiting for Start Time：等待启动时间——启动时间不正确，检查计算机时钟设定，检查 HI-STAR 启动时间，阅读后部的附加信息。

HI-STAR Not Programmed：HI-STAR 未程序化——未对 HI-STAR 编程使其进行研究工作。重新对其进行编程设置并再次安装流量计。

Preparing For Study：准备研究——HI-STAR 仍旧处于启动模式，检查启动时间，检查计算机时钟，再次程序化并重新安装流量计。

Study Interrupted：研究中断——HI-STAR 在统计过程中突然被中断。所记录的数据仍为有效，再次程序化并重新安装流量计。

Battery Failure：电池中断 ——HI-STAR 没有足够的电量来完成预定的研究工作。立刻再次充电，并下载数据。所记录的数据有效。

Memory Full：内存满——在预定的研究工作完成前 HI-STAR 的存储器已满，所记录的数据有效。

HI-STAR Will Not Communicate：HI-STAR 不能通讯—— 检查电缆的连接；检查 IP-10A 的电池；对 HI-STAR 充电；检查 COM 端口选项；参考下文以获得更多信息。

IP-10A light is not on：IP-10A 灯不亮—— 替换 IP-10A 电池，确认 COM 端口选项。

Waiting for Start Time…（等待启动时间）。

当你想阅读 HI-STAR 时收到信息“等待启动时间”，这就意味着因为某些原因 HI-STAR 未能开始你期望的研究工作，以下是一些最可能引起这种状况发生的原因：

（1）查看 LP 或 HDM-97 软件的题头，看看是否有“启动时间”（注意该时间比你设置时的时间早 10min）。假如设定时间有错误，在你取回它时它尚未开始工作。在这种情况下，HI-

STAR 无机械性错误，流量计应重新编程并重新正确安装即可。

(2)假如时间设置正确，则可能是在编程后处置不当。一旦流量计被编程设置完毕，就需小心处置，千万不要使 HI-STAR 外壳上的插口内的连接针孔短路。假如这种情况发生，流量计将被关闭或重新设定，然后你将得到“等待启动时间”的提示信息。假如接口的连接针孔与 HI-STAR 的外壳或其他金属物体如车钥匙、锤子、撬棒等接触都将造成短路。连接针甚至会因潮湿气体或手汗接触而短路。假如需要的话，你可以在处理过程中用胶带盖住 HI-STAR 的连接针孔，准备安装时再取下来。

(3)假如时间设置与处置不当的因素都被排除而你仍旧读到“等待启动时间”的提示信息，则可能存在硬件故障。试试设置其进行 10 ~ 15min 研究，然后把它放在桌子上；假如这次仍然失败，再做一次以便确认一下。假如问题依然存在，联系 Nu-Metrics 的分销商或打电话给 Nu-Metrics 用户服务部请求帮助。

思考题

1. 公路交通情况调查的内容、基本内容和方法有哪些？
2. 设置交通量观测站时应遵循的原则是什么？
3. 间隙式观测站设置可采用哪几种形式？
4. 交通量调查非正常情况的处理预案有哪些具体内容？
5. 交通信息采集器软件具有哪些功能？
6. 交通情况调查资料的汇编步骤是什么？
7. 档案保管工作有哪些？
8. 固定式交通流量调查设备应满足哪些技术要求？

参考文献

[1] 周以德.收费与监控.北京:人民交通出版社,2006.
[2] 孙兴焕.通行车辆计重收费实施指南.北京:人民交通出版社,2006.
[3] 李大鹏.高速公路通行费征收管理.南京:东南大学出版社,2001.
[4] 河南省交通厅.公路车辆通行费征收岗位培训教程.北京:人民交通出版社,1998.
[5] 刘伟.高速公路德收费系统理论与方法.北京:人民交通出版社,2000.
[6] 王建军,严宝杰.交通调查与分析(第二版).北京:人民交通出版社,2004.
[7] 姜桂艳,丁同强.交通工程学.北京:国防工业出版社,2007.
[8] 王炜,过秀成.交通工程学.南京:东南大学出版社,2000.
[9] 曾湘宜.文书与档案管理基础.北京:北京工业大学出版社,2006.
[10] 王萍,宋雪雁.电子档案管理基础.北京:清华大学出版社,2006.
[11] 中华人民共和国交通部.公路交通情况调查统计报表制度(2006 年统计年报).2006.
[12] 车辆磁映像交通流量与分析仪 NC-97 型 Hi-star 操作手册.
[13] PCS 永久型交通量检测系统操作手册.